CATARATA

CARLES RAMIÓ

Catedrático de Ciencia Política y de la Administración en la Universitat Pompeu Fabra, institución en la que ha sido vicerrector y decano durante catorce años. Ha sido director de la Escuela de Administración Pública de Cataluña y presidente del Consorcio de Evaluación de Políticas Públicas (Ivàlua). Es autor de numerosos libros, capítulos y artículos científicos sobre temas vinculados a la gestión pública. En 2020 elaboró la Carta Iberoamericana de Innovación en la Gestión Pública. Posee un doctorado *honoris causa* por la Academia Internacional de Ciencias Políticas-Administrativas y Estudios de Futuro (México). La red NovaGob le concedió en 2020 el premio a la excelencia en innovación pública.

Carles Ramió

El colapso de la Administración en España

UN ANÁLISIS POLÍTICAMENTE INCORRECTO

DISEÑO DE CUBIERTA: PABLO NANCLARES

© LOS LIBROS DE LA CATARATA, 202
FUENCARRAL, 70
28004 MADRID
TEL. 91 532 20 77
WWW.CATARATA.ORG

EL COLAPSO DE LA ADMINISTRACIÓN EN ESPAÑA.
UN ANÁLISIS POLÍTICAMENTE INCORRECTO

ISBN: 978-84-1352-983-7
DEPÓSITO LEGAL: M-8.392-2024
THEMA: JPP

ÍNDICE

INTRODUCCIÓN

Llevo más de treinta años analizando nuestras administraciones públicas y, con desazón, me veo en la obligación de denunciar que actualmente vivimos su peor momento desde la instauración de la democracia. Nuestras administraciones están inmersas en un proceso de claro declive y si no se diseñan e implantan remedios urgentes van encaminadas hacia un inevitable hundimiento. Los ciudadanos constatan en su día a día, con sorpresa e indignación, el deterioro de buena parte de los servicios públicos más esenciales: sanidad, servicios sociales, trámites administrativos vitales (desde renovaciones de los documentos de identidad o de los permisos de conducir hasta la gestión de las pensiones, del paro y del ingreso mínimo vital), etc. La pregunta es ineludible: ¿cómo hemos podido llegar de repente a este gran colapso administrativo? La respuesta es compleja, ya que la Administración pública es poliédrica.

Tenemos unas administraciones que han transitado durante los últimos años por un entorno turbulento sin experimentar ninguna transformación significativa: desde un incremento muy notable de la población derivada de la inmigración, que es una demandante intensiva de servicios públicos, pasando por una profunda y larga crisis económica que ha precarizado la gestión pública, la explosión de la inteligencia artificial y, además, haber tenido que afrontar la terrible crisis de la COVID-19 de la que casi ningún sistema público ha logrado salir airoso. Y todo ello sin olvidar el elefante social que tenemos enfrente y que parece que todo el mundo ignora: el envejecimiento de la población que ya ha empezado a reclamar un sobreesfuerzo en servicios públicos como los sociales y sanitarios. No solo las pensiones públicas son un problema derivado de este radical proceso de envejecimiento, sino también la prueba de estrés que supone para los servicios públicos más esenciales. Estos elementos exógenos han sido determinantes para erosionar una Administración que llevaba décadas haciendo malabarismos para prestar servicios públicos de calidad en el marco de una falta de estrategia institucional en la renovación del modelo y de una evidente precariedad de recursos.

Nuestras administraciones han ido enfermando de manera lenta y silenciosa: estaban dimensionadas para atender a cuarenta millones de ciudadanos y resulta que deben cuidar a cuarenta y ocho; la crisis económica fue estresante a nivel administrativo por la falta de recursos y por la tasa de reposición cero de los empleados públicos en un momento de rápido envejecimiento de estos y, finalmente, la pandemia fue contestada con una resiliencia reaccionaria con la que se transformó el modelo de atención a la ciudadanía mediante la inmersión de la digitalización y del teletrabajo con el indeseable resultado que a partir de la crisis sanitaria la atención ciudadana ha ido claramente a peor. El acelerado proceso de digitalización de los trámites administrativos y la perversa práctica de la extensión de la cita previa ha dejado literalmente en la estacada a una parte muy significativa de la sociedad.

La maximización de los derechos de los empleados públicos hasta considerarse privilegios (régimen horario, días de asuntos propios, laxitud y cierto descontrol con el teletrabajo, etc.), conjugado con unas plantillas envejecidas y desgastadas conducen también a las administraciones hacia su colapso. Una Administración sin estrategia de futuro y sin liderazgo político cae irremediablemente en manos de las capturas sindicales y corporativas ajenas al bien común y al interés general. El resultado es una paradoja: a pesar de trabajar en un contexto de gran confort laboral, los empleados públicos sufren ahora más que nunca para responder a las demandas ciudadanas, ya que los cuellos de botella organizativos son insuperables por una falta de actualización y modernización de los procesos burocráticos.

Por otra parte, parece que a los dirigentes políticos, enredados en fútiles batallas, les ha pasado desapercibida la vulnerabilidad de la Administración en un momento crítico con el inicio de un espectacular relevo intergeneracional. Durante los próximos diez años van a jubilarse un millón de empleados públicos, algo más del 30% de la plantilla. Lo que puede considerarse como una oportunidad para atraer talento joven, bien preparado y digitalizado puede convertirse en una catástrofe de enormes proporciones por falta de una adecuada planificación. Adentrarse en un relevo intergeneracional de estas características sin plantearse cambiar las reglas del juego de la función pública es la crónica de una muerte anunciada. Los sistemas de selección son anticuados, farragosos y nada estimulantes para atraer al talento joven. En muchos casos, los perfiles profesionales que se convocan son totalmente obsoletos en una Administración que está introduciéndose de manera veloz en un nuevo paradigma de gestión de la mano de la inteligencia artificial. Este diagnóstico tan negativo reclama medidas urgentísimas de intervención para intentar evitar el hundimiento de nuestras administraciones y, por tanto, de los servicios públicos del país. La agenda es ciertamente complicada. Veamos algunas de las propuestas.

En primer lugar, hay que redimensionar de manera urgente los empleados públicos para destinarlos a los ámbitos de gestión más críticos y deficitarios que interaccionan con los ciudadanos. Esto implicaría dejar en suspenso, durante un tiempo, la regulación formal e informal del empleo público para gestionar con la flexibilidad necesaria que reclama la grave situación actual. Incluso habría que plantearse suspender temporalmente algunos de los privilegios vinculados al empleo público, como horarios de trabajo y días de asuntos propios, que limitan seriamente las capacidades de gestión, ya que estos derechos laborales hacen que se pierda cerca del 10% de las capacidades del sistema. En segundo lugar, hay que redefinir los perfiles profesionales que reclama una Administración moderna y con un elevado músculo tecnológico: deben desaparecer anticuados perfiles profesionales y emerger nuevos roles profesionales en consonancia con la nueva organización del trabajo digital, inteligente, multidisciplinar y colaborativa. Una tercera estrategia debería consistir en rediseñar el sistema de atención directa al ciudadano mediante un sistema híbrido de carácter digital —mucho más amable, accesible y sencillo— y reinventar una imprescindible atención presencial que debería permanecer durante mucho tiempo. En cuarto lugar, hay que cambiar de manera rápida los procesos de selección para que no se limiten a exigir solo conocimientos memorísticos y se abran de forma rotunda a evaluar competencias profesionales. Un nuevo sistema de selección más acorde con las nuevas exigencias laborales y mucho más atractivo para atraer al talento joven. Por último, es imprescindible transformar el modelo de gestión abriéndolo a una gestión de la información mucho más madura y diseñar un sistema de gobernanza de datos como paso ineludible para una incorporación correcta y fluida de la inteligencia artificial. La Administración debe apostar por la inteligencia institucional como paso previo a la absorción de la inteligencia artificial.

Si no atendemos, al menos, estos cinco retos, el hundimiento definitivo de la Administración va a ser inevitable y la sociedad va a sufrir. La parte más vulnerable de esta se va a quedar sin ningún anclaje, pero también va a padecer la parte más pudiente, ya que el mercado va a verse impotente para amortiguar el hundimiento de los servicios públicos. Sirva de ejemplo la actual saturación de los servicios médicos prestados por las mutuas privadas. Cuando se hunden los servicios públicos, se colapsan los privados.

Este libro se articula en seis capítulos: el primero, "Un entorno público turbulento: los problemas malditos", muestra las transformaciones del entorno externo e interno de las administraciones que ahora tienen que afrontar de manera estructural nuevos retos sobrevenidos, sorprendentes y totalmente inéditos. El segundo capítulo, "Resiliencia y nueva organización del trabajo en la gestión pública", hace referencia al impacto de la crisis de la COVID-19 para las administraciones públicas que las ha obligado a un desconocido ejercicio de resiliencia organizativa compleja y exigente de la cual no han sido capaces de salir airosas. La incorporación de nuevas dinámicas como la Administración digital profunda, el teletrabajo o el trabajo colaborativo todavía no han logrado encajar el puzle de manera armoniosa. El tercer capítulo, "La permanente impostura política", hace referencia al crónico problema de una pésima cultura política de carácter institucional que se ha ido agudizando durante los últimos años. El cuarto capítulo, "Un modelo de gestión de personal al borde del colapso: unos empleados públicos ricos pero llorones", aborda la actual situación de crisis del empleo público vinculado al envejecimiento del personal, a una desmotivación colectiva cada vez más elevada e incongruente con el portafolio de derechos y privilegios laborales. El capítulo 5, "La complejidad de la función directiva en la Administración", analiza la dificultad actual de desplegar adecuadamente las competencias directivas en un colectivo con una elevada debilidad institucional. Finalmente, el capítulo 6, "Propuestas para reflotar la Administración", presenta un conjunto de estrategias para intentar superar los diferentes problemas y retos planteados en este texto.

Estamos frente a un libro que asume elevados riesgos, ya que analiza temas emergentes que todavía no han madurado suficientemente y, por tanto, su análisis es complejo y seguramente apresurado. Debatir sobre situaciones de acoso laboral o sexual, de diversos empoderamientos sociales y corporativos o de presuntos privilegios de los empleados públicos es un empeño proceloso. Pero son temáticas que es necesario abordar, puesto que forman parte de la realidad cotidiana y contemporánea a la que se enfrentan las administraciones públicas y, también, sus directivos públicos. Por otra parte, este texto puede ser percibido como "muy duro" con los empleados públicos e, incluso, "injustamente agresivo" con este colectivo. Es obvio que me estoy protegiendo antes de recibir el golpe, pero, ante esta potencial crítica, quiero deslizar dos argumentos complementarios: primero, no tengo la menor duda de que la mayoría de los empleados públicos son unos magníficos y abnegados profesionales y que gracias a su dedicación se ha logrado una Administración capaz de desplegar políticas y servicios públicos de calidad. Y ello se ha conseguido de una manera casi heroica, ya que estos empleados públicos han tenido que navegar en su gestión diaria con el viento en contra: avanzar con el lastre de trabajar con y en una maquinaria administrativa claramente obsoleta y, también, con una dirección política muchas veces errática, heterodoxa y cada vez más convulsa. Segundo, considero que una parte significativa de los empleados públicos han abrazado, durante los últimos años (la pandemia parece que ha ejercido de punto negativo de inflexión), el confort, el hedonismo, la desafección, el gregarismo y la desmotivación, y con ello han perdido el fulgor que permite aportar auténtico valor al servicio público. Una parte relevante de los empleados públicos manifiestan un cansancio profesional que cuesta mucho de entender cuando operan con unas condiciones laborales que son, en términos generales, magníficas y beneméritas. Pero, en este momento, es necesario afinar bien sobre quién es el culpable de esta situación: paradójicamente, los responsables no son los empleados públicos ni a nivel individual ni a nivel colectivo, sino que el auténtico infractor es el sistema organizativo e institucional que fomenta de manera sutil y perversa este tipo de actitudes negativas personales y profesionales que tienen un impacto perjudicial en la calidad de nuestras administraciones públicas. Los empleados públicos llevan tanto tiempo navegando a contracorriente (dirección política cada vez más caprichosa y con escasa visión institucional, arquitecturas procedimentales anticuadas, implantación abrupta y agresiva de la tecnología, sistema de gestión de recursos humanos disparatado y desincentivador, envejecimiento de los empleados públicos, carencia de una dirección pública profesional, etc.) que al final han acusado este desgaste y una parte de ellos han perdido la fuerza y la motivación, han bajado los brazos y han decidido abandonarse a la corriente. Una corriente de un río que conduce de manera inexorable a que el barco administrativo se hunda o a que encalle entre las rocas.

CAPÍTULO 1

UN ENTORNO PÚBLICO TURBULENTO: LOS PROBLEMAS MALDITOS

Han pasado cerca de tres años desde la finalización de las olas más duras de la pandemia de la COVID-19. Es muy poco tiempo para hacer un análisis preciso de los cambios que han acontecido en la gestión pública. El regreso a la "nueva normalidad" fue bastante extenso a nivel temporal y pueden confundirse ingredientes vinculados con la fase final de la pandemia con fenómenos totalmente nuevos que no tienen ninguna relación con esta. En todo caso, considero que se está produciendo una transformación endógena y exógena de la gestión pública y, por tanto, en la dirección que está tomando. Ignoro si en el sector privado sucede exactamente lo mismo. A pesar de que este proceso de cambio se ha producido muy rápido, es difícil percibirlo de manera precisa en aquellos que participan en el día a día de la dirección pública. Una forma de valorar si está ocurriendo un cambio de paradigma o no es comparar qué elementos preocupaban a los directivos públicos antes de la pandemia y los que ahora tienen que atender. De modo coloquial, podría preguntarse cuáles eran los fuegos que había que apagar antes de la crisis sanitaria y cuáles son a los que nos enfrentamos ahora. Mi impresión es que son retos radicalmente distintos. Las nuevas crisis que tenemos que afrontar, durante los últimos años, son sobrevenidas y sorprendentes, rápidas y, lo más importante:

inéditas. Nunca antes las habíamos desafiado y no poseemos herramientas testadas para gestionarlas con fluidez. En todo caso, es difícil trascender de las ramas para analizar y diagnosticar la totalidad del bosque institucional. Pongamos sobre la mesa algunas de las novedades más significativas:

- Las políticas y los servicios públicos son cada vez más complejos: por una parte, las nuevas crisis inciden en los puntos de interferencias entre políticas y servicios. Por otra, se han incrementado las exigencias en las políticas y servicios públicos como la igualdad de género y la sostenibilidad. Estas novedades son positivas e incentivan una mejor gestión, más transversal e integradora, pero también suponen una mayor complejidad a la que hay que ir adaptándose.
- El desarrollo tecnológico de la gestión pública es estresante: una Administración digital bastante madura, pero que posee muchos puntos ciegos que la hace poco sólida en determinadas dimensiones. Por otro lado, hay una sensación de vulnerabilidad tecnológica como es el miedo a los *hackeos*. Estamos en un punto de transición entre la digitalización y la incorporación de la inteligencia artificial y hay muchas dimensiones poco claras que generan incertidumbre y sensación de fragilidad.
- También vivimos la incertidumbre de un proceso de transición entre la gestión artesanal (basada en intuiciones) y la gestión científica (basada en datos). El problema es que tenemos muchos datos sin una buena gestión de la información. Sentimos la necesidad de gestionar una cantidad ingente de datos, pero carecemos, de momento, de los perfiles profesionales necesarios para hacer aflorar, sistematizar y analizar esta información.
- Vivimos una etapa caracterizada por múltiples empoderamientos sociales que es una dinámica que, en principio, hay que celebrar. Todas las organizaciones poseen

una dosis de suciedad interna y, tradicionalmente, este problema se solía afrontar con la impostura de mirar hacia otro lado y barrer las miserias para que quedaran ocultas en la alfombra institucional. Esto ahora ya no es posible y la suciedad organizativa impregna todo el espacio institucional y no es que no se pueda ya ocultar, sino que ahora su presencia es asfixiante. Por ejemplo, las denuncias y los rumores de acoso laboral o sexual están a la orden del día. Tal como afirma el filósofo Pablo de Lora, "la sobreabundancia de derechos multiplica los conflictos". Conflictos externos, y especialmente internos, que deben asumir de manera sobrevenida los directivos públicos.

- Los medios de comunicación convencionales están compitiendo con las redes sociales y tienden a emularlas. Los escándalos sobre la gestión pública forman parte del paisaje sin pasar previamente por apenas ningún filtro de verificación. El resultado es una crisis de prestigio de muchas instituciones públicas que están en el foco frívolo y poco profesional de algunos medios de comunicación. Los directivos públicos también están en este foco y se sienten, de nuevo, inseguros y vulnerables.
- A pesar de las dinámicas de empoderamiento, se producen discriminaciones novedosas de manera sutil y perversa. Un ejemplo es la discriminación derivada del edadismo. Hay prejuicios hacia los empleados (y directivos) públicos que poseen una edad avanzada: tener más de 55 años genera un cierto recelo organizativo, ya que se es sospechoso de pertenecer a una generación anticuada, analógica, escasamente innovadora, discriminatoria e incluso proclive a una supuesta corrupción. En unas administraciones tan envejecidas como las españolas pocos empleados y directivos públicos escapan de esta susceptibilidad. Pero, curiosamente, el edadismo también afecta al personal y directivos más jóvenes que también generan recelos por ser poco maduros,

considerados frikis de la tecnología y percibidos como excesivamente ambiciosos. Todo parece indicar que la franja de edad considerada óptima para ser un buen directivo o profesional es cada día que pasa más estrecha: entre 45 y 55 años. Si tienes menos o más edad de este intervalo ya eres un sospechoso. No se trata de una guerra generacional, que sería algo lógico, sino de una dinámica discriminatoria errática, espontánea pero real.

- Se han roto las barreras entre la dimensión profesional y la dimensión personal. Es inevitable que existan vasos comunicantes e interferencias entre estos dos espacios, pero ahora están más mezclados que nunca y en las organizaciones públicas se desatan todo tipo de pasiones. La dirección pública es cada vez más como un "gestor de pasiones" y los directivos públicos deben asumir funciones sobrevenidas de psicólogos.
- El trabajo híbrido que combina la presencialidad con el teletrabajo se ha implantado con una gran rapidez como una derivada del confinamiento durante la pandemia. Es evidente que el trabajo híbrido forma parte del presente y del futuro, pero su implantación veloz, a veces irreflexiva, puede generar diversas externalidades negativas que inciden sobre la calidad de los servicios públicos, sobre la organización interna del trabajo y, finalmente, sobre las dinámicas colaborativas que exigen una elevada comunicación formal e informal que digitalmente no siempre se consigue. Para los directivos públicos, el trabajo híbrido es una nueva fuente de complejidad y un reto.
- Estamos en un periodo de transición entre un sistema de organización clásico de carácter jerárquico, departamentalizado y especializado hacia un nuevo modelo de organización más colaborativo, transversal, multidisciplinar y variable (la necesidad de gestionar por proyectos o mediante unidades temporales). Un periodo de

transición complejo en el que no se impone ninguno de los dos modelos y que su combinación práctica genera todo tipo de disfunciones.
- Existe la sensación generalizada de que todo ha quedado anticuado a nivel organizativo: las estructuras, los procesos, la gestión de personal, incluso la tecnología, pero todavía no han aflorado alternativas realmente viables.
- Recientemente ha emergido un nuevo paradigma de gestión denominado *gobernanza robusta*. Es un modelo que parte del principio de que el entorno público actual es turbulento y que, para hacerle frente, hace falta diseñar unos mecanismos de gestión que agrupen la estabilidad y el cambio. Un oxímoron, ya que ambos ingredientes son contradictorios y difíciles de conciliar. La gestión pública requiere estabilidad para aportar a la sociedad seguridad jurídica e institucional y, además, prestar con solvencia, con eficacia y eficiencia, servicios públicos esenciales y estructurales. Pero, por otra parte, la gestión pública requiere capacidad de cambio y de transformación rápida para afrontar los nuevos retos derivados del entorno turbulento.

La conclusión de todas estas dinámicas es que estamos ubicados actualmente en un complejo periodo de transición en el que predominan dos vectores: por una parte, el viejo sistema de organización se percibe como obsoleto, pero todavía no han aflorado modelos alternativos que sean viables. Se vive en un espacio líquido en el que nadie sabe cuáles son las reglas del juego en materia de gestión. Por otro lado, los cambios suelen seguir una lógica pendular que, al principio, suelen ubicarse en posiciones extremas y maximalistas y se requiere un tiempo para lograr un armonioso equilibrio. Mientras no se logra este equilibrio, el nivel de incertidumbre es muy elevado y suele ubicarse entre posiciones radicales: disruptivas, aunque escasamente articuladas ("el todo vale"), o ultraconservadoras ("nada es posible" y que es más necesario que nunca refugiarse en el "siempre se ha hecho así").

Por otra parte, el escribidor de este texto solicita indulgencia y clemencia a los potenciales lectores, ya que buena parte de lo que se va a analizar en este ensayo responde a dimensiones novedosas y conflictivas en las que se ha impuesto la convención de no salirse de la senda de lo que se considera políticamente correcto. Este libro implica un arriesgado ejercicio de poner el pie en múltiples charcos que el sentido común aconseja evitar. Es literalmente imposible salir airoso y sin una brizna de barro de este ejercicio. Pero considero que carece de sentido obviar temas trascendentes en la gestión pública contemporánea solo por prudencia y temor. Sin valentía para enfrentarnos a retos procelosos no hay manera posible de avanzar en la senda de una mejorada gestión pública y, en este caso, de una más sólida dirección pública profesional. Es, por tanto, necesario abrir un debate sobre cómo afrontar nuevas dinámicas sociales en un contexto de turbulencia.

Llevo más de treinta años estudiando la función directiva en las administraciones públicas (desde que descubrí el libro de Mintzberg *La naturaleza del trabajo directivo* cuando preparaba la tesis doctoral) y algo más de veinte años ocupando puestos considerados como directivos en las administraciones públicas. Desde esta atalaya teórica y práctica, puedo afirmar con rotundidad que recientemente los problemas y retos a los que se enfrentan los directivos públicos son ahora distintos y mucho más variados que durante las décadas anteriores. Los conocimientos adquiridos hasta el momento son claramente insuficientes para ejercer la función directiva a partir de la pandemia y, especialmente, con posterioridad a esta. El contexto interno y el entorno externo se han transformado de manera sobrevenida, sorprendente y veloz. Ahora es bastante habitual que un directivo público tenga que enfrentarse a problemas y retos totalmente inéditos y, por tanto, sobre los que no hay experiencia ni conocimientos previos. Ante esta situación no queda otra opción que exponer las cartas sobre la mesa e intentar reflexionar sobre cuáles deben ser las nuevas reglas del juego y las habilidades necesarias para poder jugar a un nuevo deporte con el objetivo de superar con solvencia los nuevos problemas y retos de la gestión pública.

UNA TECNOLOGÍA DISRUPTIVA PERO DISTORSIONADORA

El cambio tecnológico también se encuentra en un periodo de transición bastante confuso, tal y como se ha hecho mención, en una intersección entre la etapa final del proceso de digitalización y la fase de inicio de la incorporación de la inteligencia artificial. Esta situación genera múltiples disfunciones:

- Las administraciones públicas se encuentran en una situación de madurez digital importante tanto a nivel tecnológico como de carácter normativo al obligar, en muchas dimensiones, la gestión e interacción digital. El problema es que no hay una buena sintonía entre la obligación y el deseo digital con el confort digital. La gestión y, especialmente, la interacción digital entre Administración y ciudadanía está llena de dificultades de interpretación conceptual y de errores tecnológicos. Buena parte de la ciudadanía (ciudadanos y proveedores) se desespera con el actual funcionamiento de la Administración digital.
- La tecnología se renueva con enorme celeridad y se produce la paradoja que las administraciones más vanguardistas y sobresalientes a nivel tecnológico pasan rápidamente a quedar obsoletas. En cambio, administraciones más rezagadas pueden aprovechar la madurez tecnológica del momento para ponerse rápidamente al día. En todo caso, la mayoría de los gestores y directivos públicos se

sienten inseguros y confusos sobre el grado de novedad o de obsolescencia de la tecnología. Los técnicos en la materia no ayudan a despejar la incertidumbre por sus dinámicas proteccionistas de carácter defensivo, diversas posiciones epistémicas propias, intereses espurios con el sector empresarial e incapacidad para generar un relato robusto, pero comprensible para los profanos en la materia.

- El despliegue tecnológico se canaliza, de manera inevitable, mediante un proceso de prueba-error hasta alcanzar el nivel suficiente de calidad. Pero esta dinámica habría que aplicarla, al principio, de manera experimental y controlada, ya que no es aceptable que los ciudadanos y los propios empleados públicos ejerzan el inquietante rol de conejos de indias de laboratorio objeto de experimentación. Esta frívola dinámica de innovación tecnológica está generando de modo irremediable una desafección social y corporativa hacia la Administración digital.
- La tecnología ofrece a las administraciones públicas unos enormes caudales de información que suelen ser obviados ante la falta de capacidad institucional y profesional de ordenar, sistematizar y analizar dicha información. El sector público tiene un déficit evidente de profesionales en gestión de la información que permitan diseñar un buen modelo de gobernanza de datos. Esta ausencia profesional dificulta una visión y renovación de la tecnología orientada a la eficacia (mejora de la gestión interna y mejora de la calidad de los servicios públicos) y a la eficiencia (refrescar el músculo tecnológico con costes razonables y no desproporcionados). Teóricamente, la tecnología debería aportar un rendimiento exponencial a la gestión pública que hasta el momento no se ha logrado de manera generalizada. En este sentido, hay que definir una buena estrategia para lograrlo en un momento especialmente crítico en el que

se está introduciendo, de forma espontánea y desordenada, la inteligencia algorítmica en la gestión pública.

- En definitiva, hay que tener presente que la innovación tecnológica de la Administración no es un fin en sí mismo, sino solo un medio para lograr la modernización de la gestión pública. Para conseguir esta transformación hay que definir una nueva estrategia con relación al catálogo de políticas y servicios públicos y para determinar un nuevo modelo de gestión que sea permeable tanto a la estabilidad (siempre necesaria en una institución pública) como al cambio (imprescindible para poder abordar los nuevos retos sobrevenidos e inéditos).

ACOSO Y EMPODERAMIENTO LABORAL

Son sobrecogedoras las dinámicas de acoso laboral y sexual que se ocasionan en el ámbito laboral. En el caso de situaciones de acoso por parte de los directivos o superiores, es especialmente grave, ya que se produce un abuso de poder y una indefensión manifiesta de las víctimas. Con ingenuidad, durante muchos años pensaba que eran dinámicas más propias del sector privado que del público. Consideraba que las administraciones públicas estaban más protegidas de estas dinámicas que las empresas privadas. Los derechos y deberes laborales, el ambiente intelectual y emocional, los valores públicos, el escaso empoderamiento de los directivos y responsables administrativos (una disfunción que en este ámbito podía poseer externalidades positivas), etc., eran barreras que impedían buena parte de situaciones de acoso laboral, acoso machista y sexual. Pero una vez asistí a unas jornadas sobre acoso, celebradas en una Administración pública, y los especialistas en la materia argumentaban justo lo contrario: las administraciones representan un campo abonado para que surjan dinámicas de acoso laboral y de todo tipo, donde algunas organizaciones públicas llegan a ser tóxicas en este sentido (para mi alarma, el máximo ejemplo eran las universidades). Mi percepción cambió de repente, como un velo que se descuelga del rostro, me di cuenta de que sobre esta problemática estaba encerrado en la cueva de Platón. La presencia de las presiones políticas, de la lógica de organización feudal de carácter administrativo, algunas dinámicas paternalistas típicas de algunas administraciones públicas implican que sea un ámbito muy susceptible de albergar dinámicas de acoso laboral y de otro tipo. Por tanto, hay que estar muy vigilantes en esta materia en las administraciones públicas y poseer los instrumentos necesarios para prevenir y sancionar estos perversos comportamientos. Hoy por hoy, no los tenemos.

Pero entrar en este campo es proceloso, ya que hay muchos puntos ciegos en esta materia. Por ejemplo: ¿cómo distinguir a un mal directivo o jefe administrativo de un acosador? No es fácil. Incluso no es sencillo diferenciar a un empleado con un carácter seco y poco empático de un acosador. Hoy en día, las confusiones suelen ser notables y los instrumentos escasamente adecuados para hacer frente con rigor a este problema.

Por una parte, nos encontramos con situaciones de evidentes malos comportamientos laborales en los que es muy difícil demostrar que sean sancionables. Se hace la instrucción mediante un expediente disciplinario y, aunque las evidencias sean abrumadoras, no está claro que se pueda probar y sancionar al implicado. El resultado es que quedan estigmatizados el acusado y, también, los acusadores, que tienen que seguir conviviendo en la Administración. Todo un reto gestionar esta situación para los directivos públicos.

Por otro lado, hay casos en que las denuncias no parecen fundamentadas, pero las dinámicas de conflicto, de mal ambiente y de estigmatización del acusado están igualmente presentes. Además, es muy difícil ejercer las funciones de directivo público bajo esta presión. Pongamos algunos ejemplos:

- Todos los directivos nos hemos encontrado con empleados públicos ociosos poco implicados con el trabajo y la institución (es algo estadísticamente inevitable). Los malos directivos no atienden nunca estas situaciones. Los directivos responsables sí que lo hacen, mediante una combinación de estrategias de motivación y de presión para recuperar a estos deficientes empleados públicos. Algunas veces se logra un resultado positivo y otras no (la gestión de milagros no es una competencia exigible a los directivos públicos). Hoy en día, estas acciones proactivas por parte de los directivos públicos son mucho más complejas e implican asumir riesgos extremos. No es excepcional que, cuando un directivo presiona —con tacto y elegancia— a un empleado público para que se implique más en su trabajo, este le amenace con solicitar la baja laboral por motivos psicológicos. Si un directivo acumula dos o más empleados con baja laboral por motivos de estrés, es sospechoso no solo de ser un pésimo directivo, sino de ser un presunto acosador laboral. Por tanto, la opción más sensata es dejar a su libre albedrío a aquellos empleados públicos poco implicados con su trabajo y con la Administración.

- En una organización privada, exenta de las limitaciones de una pública, se produjo una denuncia de acoso laboral a uno de sus directivos. El problema es que, cuando se formalizó la denuncia, ya se había producido un ambiente laboral tóxico y cuatro empleados estaban de baja por estrés derivado del presunto acoso laboral. Es decir, cuando se interviene disciplinariamente, se hace en un ambiente muy tenso, crispado y de conflicto laboral y organizativo. Se nombra una comisión disciplinaria y sus miembros se encuentran con denuncias algo abstractas como comportamientos de micromachismo y de paternalismo. No hay más evidencias ni orales ni escritas, pero lo que es incontestable es que el ambiente laboral es traumático, convulso y que hay cuatro empleados de baja por este motivo. A la comisión disciplinaria no le queda más remedio que prescindir de los servicios del directivo denunciado y retribuirle con el máximo finiquito, ya que la decisión seguramente no superará el escrutinio de los tribunales de justicia. En este caso todo parecía indicar que no había realmente acoso laboral, sino un liderazgo poco empático (un mal líder no equivale automáticamente a acoso laboral) y, especialmente, que se manifestaba una fuerte resistencia al cambio por parte de un numeroso grupo de empleados. Los trabajadores consideraron insuficiente que el directivo fuera apartado de la organización, pues su pretensión era frenar la dinámica de cambio organizativo, y denunciaron los hechos a algunos medios de comunicación que, sorprendentemente, se hicieron eco de la situación. Un escándalo mediático y un quebranto reputacional en una situación que no era noticiable, puesto que: a) se había detectado un caso de acoso laboral: según los especialistas es estadísticamente inevitable y el peor escenario en una organización es que jamás se detecten situaciones de acoso laboral, ya que esto implica que no se toman en serio estas incidencias; b) se nombra con celeridad una comisión disciplinaria que da audiencia a todos los denunciantes, al denunciado y revisa la documentación que aportan las partes y resuelve en un mes apartar al directivo de la organización; c) mientras se tramita el expediente disciplinario, se retira del servicio al directivo denunciado para evitar un ambiente tenso en la organización. Por tanto, la pregunta es: ¿dónde está la noticia? Pero se publica como una noticia escandalosa que genera un desgaste reputacional para esta empresa.

- En una organización pública compleja (compuesta por administración nuclear y organismos autónomos) hay una reunión entre dos directivas del organismo principal con un directivo de un organismo autónomo y dos empleados que pertenecen a otros ámbitos distintos. La reunión es tensa, hay posiciones confrontadas y en conflicto y se salda con el resultado de ser una reunión fallida. Las dos partes enfrentadas se ponen en contacto con otro directivo, de nivel similar, pero con mayor capacidad de influencia por la posición que ocupa, para que haga la función de mediador. Ambas partes se quejan de la contraria con distintos argumentos, pero las dos directivas acusan a la otra parte de un comportamiento manifiestamente machista de enorme gravedad y exigen, por dignidad, que nunca más tengan que reunirse con este directivo. El mediador, escandalizado por estas graves denuncias, se pone en contacto con la tercera parte presente en el encuentro (dos empleados vinculados a otros ámbitos), que aseguran que la reunión fue algo tensa, pero que en ningún momento detectaron un comportamiento machista. Estos dos empleados eran un hombre y una mujer. ¿Qué debe hacer y proponer el directivo mediador ante esta situación? Literalmente no pude hacer nada, ya que esta acusación genera un territorio administrativo radioactivo que es sencillamente irrecuperable. Si el mediador o su superior intentan suavizar el conflicto, pueden ser considerados cómplices de comportamientos machistas. Todos tenemos que ser conscientes que lanzar este tipo de acusaciones es algo muy serio y que bajo ningún concepto deberían utilizarse como una estrategia más para debilitar a un colega o ámbito administrativo con el que se dirime una disputa conceptual, de estrategia o de poder. Este tipo de denuncias, sean a nivel formal o informal, tienen que ser ponderadas y meditadas, puesto que el resultado es que dejan yermo un territorio de colaboración organizativa y estigmatizan a determinados cargos o profesionales sin capacidad de defensa.

La gestión (pública, en nuestro caso) genera, de manera ineludible, conflicto. La buena gestión implica la gestión del conflicto. Los distintos profesionales suelen tener visiones diferentes sobre cómo dar respuesta a los distintos problemas y retos y defienden con vehemencia sus posiciones. Las tensiones son inevitables y hay que saberlas canalizar. Estos conflictos ahora son todavía más usuales que antes, ya que las administraciones, en el marco de un entorno turbulento, tienen que atender a problemas y retos sorprendentes, sobrevenidos e inéditos. En este sentido, la gestión se asemeja al fútbol: es un deporte de contacto. No todos los lances del juego pueden solventarse pitando una falta y mostrando una tarjeta roja. Hay que saber distinguir y discriminar. Parece que, ahora, el más mínimo contacto, que forma parte del juego organizativo, deba ser sancionado con falta y tarjeta roja. Estas nuevas reglas del juego literalmente impiden que pueda desarrollarse el juego; en este caso, inhabilitan la posibilidad de tomar decisiones y gestionar situaciones complejas. Una Administración en estado de parálisis. Por otra parte, se producen tensiones y conflictos entre el propio personal directivo en un escenario de mucha presión por las elevadas responsabilidades, pero en una situación de igualdad sin mediar asimetrías jerárquicas. En este caso, la metáfora no sería el fútbol como deporte de contacto, sino el rugby como deporte que admite mayores fricciones. Si la más mínima tensión en materia de gestión a nivel directivo es susceptible de ser denunciada como acoso laboral, la buena gestión es totalmente intransitable. En la actualidad, un directivo público tiene las manos atadas tanto para dirigir su ámbito organizativo como para defender sus posiciones con relación al resto de las áreas. En este tema proceloso debería dominar el sentido común y evitar las pasiones desmesuradas en uno u otro sentido.

Es muy arriesgado analizar este fenómeno, puesto que uno puede ser injustamente interpretado y para ello busco el refugio del filósofo coreano alemán de moda, Byung-Chul Han, que afirma: "#MeToo era bueno. Ir contra la violencia sexual es bueno. Pero ahora este movimiento contra la violencia sexual se ha convertido en violencia. Ha destruido el eros, ha destruido la seducción. Conozco a muchas actrices, muy independientes, y a muchas feministas que rechazan este #MeToo porque destruye la seducción" (entrevista concedida a *El País* el 6 de octubre de

2023). Por otra parte, el magnífico escritor irlandés Benjamin Black (seudónimo de John Banville cuando escribe novela policiaca) denunciaba en una entrevista que su editor le censuró un párrafo de una de sus noveles porque escribió: "La mujer tenía unos labios finos y una mirada maliciosa". Si esta reflexión y acontecimientos los extrapolamos al ámbito institucional y organizativo, se podría afirmar algo parecido: el MeToo, tanto laboral como sexual, es esencialmente positivo, ya que lucha contra unas inaceptables conductas que hasta ahora las instituciones y organizaciones han encubierto por el predominio de una cultura cínica asentada sobre una pésima interpretación de la jerarquía, del miedo a la pérdida de prestigio institucional y, también, de una cultura machista explícita e implícita. Después de más de treinta años trabajando en diversas administraciones, y especialmente en la universidad, celebro cada día que a partir de ahora estas perversas prácticas ya no sean impunes. Comportamientos siniestros que han existido y existen y que la falta de frenos institucionales las ha multiplicado y, en no pocos casos, las ha cristalizado. Antes, luchar contra estos comportamientos era una tarea quijotesca y baldía: no servía de nada y el discrepante ponía en riesgo su carrera profesional. Ahora, afortunadamente, ya no es el caso. Pero todo ello no es óbice para que en la actualidad pueda denunciarse lo que afirma el filósofo, pues es normal que en los periodos de transición, de transformación de los valores y las reglas sociales cueste encontrar el equilibrio. La situación actual puede desembocar en un colapso organizativo y en la imposibilidad de ejercer una rigurosa dirección pública profesional. Hay que adoptar tantas cautelas impostadas que hace muy complejo dirigir una organización e, incluso, ejecutar con elevados estándares de calidad un desarrollo profesional. Cuesta que un directivo pueda ser exigente, ya que puede malinterpretarse que es un acosador laboral. Es arduo motivar al personal, pues puede considerarse que el directivo está escorándose en comportamientos paternalistas. Es espinoso, en determinados contextos, defender con contundencia y rigor una posición conceptual, puesto que al directivo pueden atribuírsele comportamientos violentos o machistas. Es totalmente imposible ser espontáneo, ya que las interpretaciones pueden ser espurias y uno siempre tiene que atenerse a un guion muy estricto y no salirse nunca de este. La creatividad y la innovación administrativa son unas dinámicas casi imposibles en el marco de este ambiente laboral.

A este contexto hay que añadir dos fenómenos inevitables en las organizaciones: las luchas de poder (vinculadas o no a una resistencia al cambio) y la presencia de personal tóxico. Estamos insertos en un momento que el entorno exige a la Administración pública profundos cambios en sus dinámicas de gestión. Los cambios imponen salir de la zona de confort y, se quiera o no, suponen implícitamente un acto de violencia institucional, ya que surge de manera natural el fenómeno de la resistencia al cambio. Se trata de una lucha y un conflicto imprescindible y necesario: reformistas (usualmente directivos y un selecto grupo de profesionales) contra conservadores (usualmente la mayoría del personal asentado en maximizar derechos y privilegios). Se trata de una dialéctica organizativa y laboral que siempre ha formado parte del paisaje administrativo. Si los primeros logran sus objetivos, las administraciones públicas avanzan y atesoran la cualidad que ahora exige el entorno y la ciudadanía: capacidad de resiliencia dinámica. Si la lucha se decanta a favor de los conservadores, la Administración escarba el suelo y es cada vez más obsoleta, decadente y pierde de modo inevitable la legitimidad social. Impulsar una reforma en el actual ambiente organizativo es una misión casi imposible, puesto que las denuncias de acoso laboral pueden estar al orden del día. Por otro lado, no hay que olvidar que todas las organizaciones poseen un porcentaje de psicópatas (los especialistas afirman que, como mínimo, un 5% de las personas lo son) que se transforman en el contexto institucional en sociópatas. Siempre ha sido difícil gestionar estos perfiles psicológicos, pero el problema es que ahora pueden llegar a dominar la agenda organizativa, ya que utilizan la actual sensibilidad laboral de manera torticera y maquiavélica. Además, los nuevos sistemas de trabajo colaborativo son una golosina para estos perfiles psicológicos. Con estos dos fenómenos, los conceptos de autoridad y jerarquía se diluyen totalmente y las administraciones públicas entran en un túnel de caos autoorganizado colectivamente y dominado por líderes informales sobrevenidos con agendas propias y espurias.

Siempre se ha entendido que el acoso sigue un canal jerárquico de arriba hacia abajo. Los directivos y jefes son susceptible de acosar a sus empleados. También se sabe, aunque genera menos atención, que suceden dinámicas de acoso entre iguales. Estadísticamente hay más presencia del segundo modelo de acoso que del primero; en cambio, no crea tanta alarma social ni laboral. Pero lo que me parece sorprendente es que nadie se haya fijado en analizar la presión e incluso el acoso que ejercen sutilmente los empleados y profesionales hacia sus directivos: el acoso de abajo hacia arriba. Hablar de ello es un anatema, pero existe y genera un elevado nivel de estrés en los directivos y otros responsables administrativos. Hay distintas muestras de esta situación y disfunción oculta (obvio que con notables excepciones):

- Parece que la defensa, apoyo y preservación del prestigio de una institución pública solo recaiga en sus directivos profesionales. Una institución es de todos sus miembros: un proyecto y una responsabilidad compartida y colaborativa. Pero es usual que la gran mayoría de los empleados públicos se inhiba y considere que estas tareas corresponden en exclusiva al personal directivo.
- Muchos profesionales suelen limitarse estrictamente a su ámbito de especialización sin preocuparse de cómo su labor pueda trascender y pueda ser interpretada de manera más transversal aportando valor institucional. Se considera que esta tarea es propia de los directivos y estos deben bajar constantemente a un trabajo profesional de base para que los aportes puedan ser significativos.

- Se les exige a los directivos que sean motivadores y es una pretensión razonable. Pero esta demanda de motivación debería ser más sofisticada: exigir a los líderes una mirada estratégica, capacidad de conciliar distintas perspectivas, etc. Lo que se denomina un liderazgo inspirador que alimenta y hace crecer a los diversos empleados. Pero muchas veces se demanda un tipo de motivación de "guardería", en el sentido en que uno llega al trabajo con motivación cero y espera que el líder lo incentive solo para poder ponerse en marcha. Esta exigencia es muy cansina para los directivos públicos, e injustificada. Tal y como afirma Xavier Marcet (2021), "los buenos profesionales razonablemente retribuidos deben venir motivados de casa", luego los directivos deben aportar la motivación extra para que puedan trabajar con estándares de excelencia.
- No es excepcional que los empleados se limiten a lanzar balones profesionales fuera sin aporte de valor y exigir que este sea la responsabilidad de los directivos. El símil sería como demandar que un directivo, además de ser el entrenador del equipo, sea el central que reparte el juego y, en no pocas ocasiones, también el delantero que marque el gol.
- En este contexto, la soledad de los directivos públicos es desoladora: conviven y son dirigidos por unos cargos políticos muchas veces inexpertos y desconfiados a los que hay que dar apoyo técnico y confort institucional. A su vez, dirigen a unos empleados públicos que tienden a ignorar la complejidad inherente a la gestión pública y se limitan a aportar el mínimo exigible sin ninguna visión estratégica y complicidad institucional y, además, siempre recelosos y en guardia permanente hacia sus máximos responsables administrativos.
- Para solventar esta situación de fragilidad y soledad de los directivos públicos existen los cargos intermedios en la Administración (usualmente jefaturas de servicios y

de sección). Pero es muy habitual que estas jefaturas intermedias renuncien a su empoderamiento formal y se sientan más miembros de la tropa que del estamento dirigente y, por tanto, renuncian a sus labores de organización y dirección que las escalan hacia sus superiores. En muchas ocasiones, su espurio comportamiento representa el catalizador de muchos conflictos laborales, ya que abdican de sus labores de comunicación institucional y se recrean en ejercer de dinamizadores y portavoces de un malestar laboral que suele ser más una impostura para eludir responsabilidades que una situación real.

Como conclusión, hay que celebrar que ahora todos los distintos colectivos de una sociedad compleja y de unas organizaciones enrevesadas se sientan empoderados. Este ideal funciona de manera fluida en sociedades y organizaciones maduras donde domina una cultura cívica, de autoexigencia y con elevados estándares profesionales. En cambio, en sociedades y organizaciones imperfectas, estas dinámicas de empoderamiento, mal canalizadas, pueden degenerar en maximizar derechos individuales y corporativos injustificables y en minimizar las obligaciones cívicas y profesionales.

MEDIOS DE COMUNICACIÓN FRÍVOLOS Y ALARMISTAS

Los medios de comunicación nunca han respetado a las instituciones públicas. Su agresividad y falta de sutileza profesional ha fomentado que se confundan determinadas malas prácticas individuales y colectivas con debilidades y deficientes capacidades institucionales. Se trata de la práctica habitual de elevar una anécdota a categoría e incluso de agarrar el rábano por las hojas. De esta manera, todas las instituciones públicas del país están desprestigiadas socialmente salvo la excepción de los cuerpos de seguridad del Estado y los bomberos. Esta desautorización y desprecio institucional se traslada inevitablemente a todos los profesionales que laboran en las administraciones públicas. El desprestigio social hacia los empleados públicos es injusto y un ingrediente crucial de desmotivación de este colectivo. Es un problema estructural con el que los profesionales del sector público hemos aprendido a la fuerza a convivir.

Pero la novedad ahora es que los medios de comunicación tradicionales están muy debilitados económica y profesionalmente y, además, compiten con las redes sociales en generar injustas (e incluso disparatadas) alarmas sociales. Han mudado de una crítica general y de trazo grueso a un amplio abanico de escrutinios muy focalizados, casi quirúrgicos, pero armados con imprecisos cuchillos de caza. Desgraciadamente, la mayoría de los profesionales de los medios de comunicación tradicionales son precarios proletarios de la información y su única forma de sobrevivir es extorsionando la realidad sin capacidad profesional ni tiempo vara verificar los hechos. Cuanto más llamativa sea la noticia, más posibilidades tiene que sea publicada sin que medie ningún control de calidad y, mucho menos, de carácter deontológico. El cambio profundo reside en que, antes, solo unos pocos estaban bajo el foco de los medios de comunicación: los cargos políticos más destacados a nivel institucional y, de manera muy excepcional, algún directivo público que les llamaba la atención; pero ahora cualquier directivo público puede ser objeto de escrutinio de los medios de comunicación. Una vez se han agotado, por reiteración cansina, los grandes escándalos políticos e institucionales, se enfocan como objetivo los microescándalos vinculados a unidades administrativas muy concretas. Se ha pasado de un escrutinio de las administraciones con telescopio a un análisis con microscopio sin que este cambio vaya acompañado de un mayor refinamiento con la gestión de la información. Por tanto, de modo aleatorio, ahora cualquier unidad administrativa (organismo autónomo, dirección general, subdirección general o servicio) puede aparecer en forma de escándalo en un medio de comunicación convencional. El resultado es que, en la actualidad, todos los directivos públicos pueden ser objeto de escarnio por parte de los medios de comunicación y, posteriormente, por las redes sociales. Los problemas y las disfunciones internas, usuales e inevitables en la gestión pública, no solo pueden generar ataques endógenos auspiciados por un MeToo expansivo y, en ocasiones, frívolo, sino que estas fricciones de carácter interno derivadas de celos o agravios pueden escalar hasta los medios de comunicación. Los directivos públicos ocupan puestos estratégicos, pero no muy visibles, y hasta ahora se sentían "cola de león" y no les solía afectar directamente el escrutinio de los medios de comunicación, pero ahora son (o somos) "cabeza de ratón" en un momento en que los medios adoptan comportamientos gatunos. Esto no sería ningún problema, sino justo lo contrario (un avance), si los medios de comunicación verificaran las denuncias de una evidente mala gestión y de presuntas prácticas corruptas. Pero esta no suele ser la situación habitual, sino que de forma interesada buscan voces críticas de profesionales intramuros de las administraciones públicas y por el simple hecho de ser críticas las consideran veraces y las hacen públicas. El ejemplo es que aparecen en los medios de comunicación, sin ningún tipo de filtro, acusaciones de acoso laboral o sexual cuando en algunos casos son denuncias infundadas y que responden a luchas de poder de carácter interno y a lógicas de resistencia al cambio. El daño reputacional a la institución, al denunciado y al directivo público que está por medio puede ser enorme.

De manera justa o injusta, los cargos políticos son conscientes de que en cualquier momento pueden ser objeto de un linchamiento mediático y social. Por este motivo, los partidos políticos han visto reducidos drásticamente sus caladeros para encontrar buenos candidatos a ocupar cargos institucionales. Los candidatos con una dilatada carrera profesional y con prestigio suelen declinar estas ofertas, ya que sienten temor a perder su único patrimonio, que es el prestigio profesional. Esta tendencia es estructural, pero durante los últimos años es mucho más aguda y crítica. Si esta malévola situación y tendencia se expande a los puestos de dirección pública profesional, el daño institucional puede ser enorme, pues va a ser también difícil que los profesionales con mayor prestigio acepten a ocupar estos cargos directivos.

LA RESPONSABILIDAD CIVIL Y PENAL DE ALGUNOS DIRECTIVOS PÚBLICOS

Esta materia posee una elevada complejidad propia del ámbito jurídico. Es sabido que un tema es lo que regula la normativa y otro muy distinto su interpretación y puesta en práctica. Hasta hace unos años, podría afirmarse que los empleados públicos trabajaban en un contexto de impunidad, ya que solo eran regulados por el régimen disciplinario, en teoría bastante draconiano, pero que no solía aplicarse salvo contadas excepciones. Recientemente, las actuaciones de los empleados públicos también están sujetas al régimen penal y civil. Una iniciativa benemérita para castigar (y también prevenir) los casos de corrupción, aunque suelen ser excepcionales en la dimensión profesional de las administraciones públicas. El punto crítico es que ahora cualquier actuación de un empleado público queda sujeto al derecho penal y automáticamente se vincula al derecho civil para subsanar los daños económicos derivados de la actuación irregular. Para entendernos: cualquier actuación de un empleado público puede ser castigada con una pena de cárcel y, además, afectar a su bolsillo. Aquí el tema central es definir qué actuaciones públicas pueden ser castigadas. No es lo mismo un manifiesto caso de corrupción (cohecho, etc.) que un simple error administrativo que puede enredarse penal y civilmente. Además, no es de mucha ayuda la utilización social y laboral de corte populista de la justicia: sindicatos, asociaciones y empleados que hacen denuncias como un instrumento de resistencia al cambio, de lucha interna de poder o de fobias personales y profesionales. Tampoco tranquiliza mucho la elevada creatividad de los jueces que ante un mismo hecho pueden responder con sentencias diversas y contradictorias.

El impacto de todo ello es que se genera en la función pública un ambiente de temor que puede ser muy contraproducente: limitar o suprimir de cuajo las capacidades de innovación pública, estimular las posiciones profesionales ultraconservadoras y, muy especialmente, la generación de nuevas cargas burocráticas. La estrategia ante esta amenaza judicial es la usual en estos casos: echar balones fuera e intentar no ser el responsable de un acto administrativo y endosárselo a un superior, que hace lo mismo, hasta que llega al máximo responsable que tiene que asumirlo (y firmarlo) sin haber participado directamente en el juego y, por tanto, que desconoce los entresijos del expediente. Hay organismos públicos en los que, para la compra de un lápiz, se requieren hasta ocho firmas. La responsabilidad va escalando por la jerarquía hasta llegar a los puestos directivos. En la medida en que se produce esta escalada, menos se domina la materia objeto de decisión y más se acumulan las firmas. La lógica burocrática diseña un modelo que es inconsistente e insensato: el primer firmante, que es el que decide comprar el lápiz y a quién comprarlo, puede actuar de manera poco consistente, ya que él no será directamente responsable, sino que tendrá varios superiores también firmantes que le exoneren de toda responsabilidad. El último firmante, el directivo público, es el que estará a la cabeza de la responsabilidad de esta compra, pero habrá firmado sin mirar ni tan siquiera el expediente. No obstante, este firmante va a ser el responsable penal y civil. En una conversación que mantuve con el máximo responsable de un importante organismo público que agrupa a 15.000 profesionales y posee centros muy diversos en todo el territorio nacional, que se dedican a sectores de actividad muy diversos y especializados y para su gestión requieren desde laboratorios con microscopios —con un coste de cinco millones de euros— hasta barcos, uno se da cuenta de la magnitud del problema. El directivo es un cargo profesional, un directivo público nombrado por libre designación. Desconoce el 99% de los entresijos técnicos de las compras públicas de este organismo que, además de comprar lápices adquiere microscopios y barcos, placas solares y forraje para los animales. Pero es el responsable máximo de todas estas compras tan especializadas, todas las ha autorizado mediante su firma sin leer una sola línea de la documentación por desconocimiento absoluto de estas materias y por falta de tiempo. Este directivo es responsable penal y civil de todas estas actividades: puede ir a la cárcel y responder con su patrimonio (personal y familiar) por el daño causado, y tiene, además, alguna que otra causa judicial pendiente. La Administración no lo protege con un seguro por una potencial responsabilidad penal. Es un directivo que camina por un cable de funambulista, del que puede caer en cualquier momento por acciones que no le son imputables. Se trata de un directivo que deja su vida profesional, personal y familiar literalmente en manos de la divina providencia. Por tanto, hay que ser muy valiente, en un registro que roza la frivolidad, para aceptar ocupar puestos directivos con este elevadísimo nivel de incertidumbre.

Como no se puede exigir que los directivos públicos sean heroicos, se está configurando un nuevo modelo de Administración que en Italia denominan "Administración defensiva" (otra literatura la denomina "burocracia defensiva"). Según Soto (2023):

> Se ha producido un "sorpasso" de la justicia penal que aparece como más atractiva para dirimir determinadas situaciones de conflicto entre actividad y norma que tienen que ver con la Administración y que han acabado por sobrepasar a la justicia administrativa. Esto, lógicamente, tiene efectos sobre las organizaciones. Para que se nos entienda, no impacta lo mismo en una corporación local la presentación de una querella criminal o una investigación de la fiscalía anticorrupción como consecuencia de un acto o una actividad de sus miembros o de sus funcionarios que la interposición de un recurso contencioso administrativo. El impacto en la organización no es el mismo. Y las actitudes que se desencadenan tampoco.

Ante esta situación, a los profesionales de la función pública no les queda más remedio que adoptar actitudes conservadoras y defensivas. En este sentido, es muy interesante la reflexión que hace el Tribunal Constitucional de Italia (citada por Soto, 2023): "Los funcionarios públicos se abstienen de tomar decisiones que considerarían útiles para la satisfacción del interés público, prefiriendo tomar otras menos arriesgadas (en tanto descansan sobre prácticas consolidadas e inmutables) o, más frecuentemente, permanecen inactivos por temor a exponerse a posibles procesos penales".

PASIONES DESATADAS

Una de las actividades más complejas que desarrolla un directivo público es dirigir un equipo. La dirección de personas va mucho más allá de las tareas de definir una estrategia inspiradora, organizar el trabajo y desplegar una buena comunicación. También tiene que motivar a su personal. La motivación del personal va mucho más allá de lo que sugieren los manuales de motivación laboral, ya que, al final, un directivo acaba asumiendo *de facto* desde funciones de psicólogo hasta arrogarse el incierto rol de padre de familia de su equipo de trabajo. En efecto, el estado motivacional de los empleados no siempre depende de ítems vinculados con el trabajo y la organización, sino que intervienen también contingencias de carácter personal. El ciclo vital de las personas está plagado de situaciones estresantes y dolorosas: embarazos, cuidado de menores, cuidado de los progenitores, divorcios, fallecimientos de seres próximos, etc. La situación anímica de los empleados en este contexto es muy volátil e incide en su rendimiento y en el rol que ejercen en la Administración. Un buen directivo no puede adoptar una posición autista hacia estas dinámicas personales y debe desplegar algunas estrategias, sin excederse, para mitigar el malestar y los coyunturales desajustes de los empleados. El directivo también tiene que atender los desencuentros y conflictos entre los propios empleados públicos en el desarrollo de sus respectivas posiciones y en la forma de interpretar los retos y los modelos de gestión. Se trata de unos conflictos inevitables, e incluso positivos de cara a una buena gestión, pero que deben ser mediados y gestionados par el directivo público para que no escalen a conflictos disfuncionales y paralizantes. Pero lo más sorprendente es que, muchas veces, estos conflictos no solo poseen una base profesional, sino una netamente personal y subjetiva. Los empleados públicos conviven durante muchos años con unos compañeros con los que establecen lazos de amistad e incluso de carácter sentimental. No tiene las mismas consecuencias ni admite la misma intervención del líder un conflicto meramente profesional que un conflicto entre dos amigos que dejan de serlo o entre una pareja sentimental. Estos escenarios rizan el rizo del rol que debe asumir el directivo público al que, de hecho, le exigen que ejerza el papel de padre/madre de familia (la posición más difícil posible) e incluso que ejerza la función de terapeuta.

No obstante, recientemente, estas complejas funciones tienen mayor dificultad en un contexto en el que todas las personas y colectivos se encuentran bendecidos por el empoderamiento (aunque muchas veces no se sabe muy bien en qué consiste), donde todos los empleados se sienten llamados a ser el centro de atención en el marco de una nueva cultura en la que predomina el individualismo, una adolescencia permanente, con poco cuidado en no mezclar lo profesional con lo personal, en preocuparse solo por sí mismos, etc. Parece que se está produciendo una relajación social y laboral en la que el personal se muestra muy desinhibido y no le importa que se mezclen los problemas y sentimientos personales con los profesionales. La cultura "selficéntrica" y voyerista que impregna las redes sociales parece que ha penetrado en los ámbitos institucionales y administrativos. Este marco laboral está invadido por pasiones que generan comportamientos aleatorios e imprevisibles que son de muy compleja gestión. Ahora muchos directivos dedican más tiempo a la gestión de pasiones que a la gestión organizativa y a las estrategias convencionales de motivación. Gestionar pasiones no solo es difícil y arriesgado, sino que es absorbente y erosionante en extremo.

Los empleados tienen un elevado nivel de exigencia hacia sus directivos, pero sin compadecerse por la exigencia en la que trabajan los directivos derivada de su posición estratégica. Además, parece que los directivos públicos pierden la condición de personas, ya que nunca pueden fallar. Los directivos, como cualquier persona, también poseen contextos personales difíciles. Muchas veces no pueden atender los problemas personales propios para dedicarse a los ajenos, hasta que, en no pocas ocasiones, todo estalla por los aires.

EMPODERAMIENTOS MÚLTIPLES Y DESAPODERAMIENTO DE LA DIRECCIÓN PÚBLICA PROFESIONAL

Hoy en día, cualquier colectivo de personas que poseen algunas características comunes se siente empoderado: las mujeres (no tardarán en hacerlo también los hombres), los jóvenes, los ancianos, los informáticos, los juristas, los electricistas, los conserjes, los auxiliares administrativos, las feministas, los machistas, los inmigrantes, los nacionales, los negros, los blancos, los asiáticos... La lista es infinita. Cualquier persona es una reserva viva y un amplio repositorio de diversos empoderamientos: por ejemplo, por ser hombre, blanco, pobre, padre, esposo, camionero, sindicalista, activista social, etc., y considera que es objeto de todo tipo de agravios a los que hay que combatir por justicia social. Hay toda una competición de empoderamientos y hay combinaciones especialmente felices por su potente pedigrí: mujer, feminista, madre, árabe, inmigrante y limpiadora.

Escribir sobre esto hace sentir incómodo a cualquiera: tanto por el riesgo que se asume como por remover temas sensibles a nivel personal y social. Cualquier discriminación social o personal la considero radicalmente inadmisible. Milito contra la discriminación en una sociedad en la que lamentablemente domina la discriminación explícita e implícita. La explícita es relativamente fácil de combatir, pero la implícita es muy difícil, ya que reside en el inconsciente de la mente humana. Los teóricos radicales de la discriminación lo resuelven de manera diáfana y simple: si eres hombre, eres irremediablemente machista; si eres blanco, racista; si estás bien acomodado a nivel económico o profesional, clasista y elitista, etc. Son unas teorías que me rebelan, pero que también me generan incertidumbre, puesto que es probable que sean, en muchas ocasiones, acertadas. En este ambiente, todo el mundo anda bastante perdido y huérfano de anclajes intelectuales. Recordemos, de nuevo, la sentencia de Pablo de Lora acerca de que "la sobreabundancia de derechos multiplica los conflictos". Unos nuevos conflictos que hay que saber gestionar para crear un nuevo marco de conocimiento, ya que no existe noción ni jurisprudencia formal e informal previas. Para aclarar las ideas y despejar incógnitas, vamos a definir unos determinados posicionamientos que parecen ciertos:

- En nuestras sociedades, la discriminación es una realidad indiscutible. Una sociedad que es discriminadora acoge organizaciones privadas y administraciones públicas en las que también está presente la discriminación.
- Por el género, raza, posición social, nivel de educación, profesión, etc., no hay absolutamente nadie que no discrimine, aunque no sea consciente. La discriminación inconsciente es sutil y perseverante.
- En este contexto, es totalmente necesario el fenómeno de los empoderamientos para intentar acercarse todo lo posible a la utopía de una sociedad totalmente igualitaria. Por tanto, hay que aplaudir y apoyar estas dinámicas sociales impulsadas por los colectivos empoderados.
- Estamos en un periodo de transición de una sociedad discriminadora hacia una sociedad más equitativa. La única manera de alcanzar una sociedad equitativa es forzando (e incluso extorsionando) el sistema al adoptar

posiciones radicales en materia de empoderamiento. Este planteamiento reconoce implícitamente que durante esta transición pueden aflorar nuevas injusticias ante determinados colectivos, personas y posiciones organizativas, pero que es un mal menor asumible ante la elevada justicia del reto que se persigue.

- Entrando en la materia que aquí nos ocupa, la dirección pública, es necesario analizar el potencial impacto de estas dinámicas en las administraciones públicas y cómo debe gestionarse esta nueva complejidad.

El objetivo de un colectivo empoderado reside en defender sus derechos y erradicar las discriminaciones de las que está siendo objeto. Representaría, salvando las distancias, algo parecido a una dinámica de nacionalismo social. El proceso se inicia con un enaltecimiento de las virtudes del colectivo y prosigue con una mirada recelosa a los otros colectivos tradicionalmente poderosos y entrando en competencia con otros en proceso de empoderamiento que luchan por un mismo espacio. En este escenario, el conflicto es inevitable: los colectivos empoderados tienen (y necesitan) enemigos en forma de otros colectivos. Es casi irremediable que se produzca un empoderamiento dogmático a través del despecho, que genera rabia, y que sea incapaz de canalizar este malestar de manera quirúrgica o precisa. Entonces, se crea una dinámica de caza de brujas totalmente indiscriminada en la que afloran injustos damnificados. En este ambiente social y organizativo, los directivos públicos tienen que ejercer sus funciones. Si preguntamos al ChatGPT las desventajas del fenómeno del empoderamiento en un contexto organizativo, nos concede las siguientes:

- Percepción de los cambios a largo plazo.
- Necesidad de una mayor capacitación de los empleados.
- Falta de compromiso con la empresa por parte de algunos empleados.
- Toma de malas decisiones de algunos empleados.

Estas respuestas alumbran cuatro potenciales problemas con la presencia de dinámicas sociales de empoderamiento en el interior de las administraciones públicas:

- Los cambios de roles entre los colectivos son inevitablemente lentos, lo que puede generar una sensación de frustración y descontento en los colectivos que luchan por un mayor reconocimiento. Los directivos públicos van a tener que lidiar con empleados públicos desmotivados por razones complejas y, en algunos casos, difíciles de detectar.
- Las administraciones públicas van a tener que impulsar unos programas formativos difíciles de diseñar y de implementar tanto para luchar contra los diversos tipos de discriminación como, mucho más complejo, para incorporar ingredientes para asegurar una cierta paz social. Hoy en día los programas de formación más maduros en la lucha contra la discriminación son los de género. Suelen ser programas muy iluminadores para detectar políticas y servicios públicos (además de comportamientos internos) que, de manera sutil e implícita, discriminan por razón de género. Otro tipo de formación necesaria, pero casi inédita, en nuestras administraciones es analizar las potenciales toxicidades organizativas presentes en las administraciones públicas. Esta formación también es muy reveladora sobre la presencia de injusticias y asimetrías que no se suelen tomar en consideración. En cambio, no están presentes programas de formación orientados a calmar los ánimos, a acompañar estos procesos de transformación mental de forma lo menos conflictiva y estresante posible.
- Muy preocupantes son las potenciales nuevas dinámicas de falta de compromiso de los empleados públicos con sus respectivas administraciones derivadas de las diversas dinámicas de empoderamiento. Tal y como se ha mencionado, las lógicas de empoderamiento pueden,

también, retroalimentarse mediante la conformación de dogmatismo sectario, la identificación de enemigos y abrazar el despecho y la rabia. En este escenario hay dos víctimas propiciatorias: las instituciones y sus directivos, como caras visibles de estas. Es relativamente fácil que el malestar se canalice contra la Administración como institución y contra sus directivos con empleados cada vez menos comprometidos y díscolos frente a las instrucciones de la dirección.

- También es preocupante la potencial externalidad negativa de los distintos empoderamientos sociales como la toma de malas decisiones. En un contexto de crispación y conflicto, de dogmatismo sectario, de vulnerabilidad e incertidumbre directiva es muy fácil tomar malas decisiones a nivel de políticas y servicios públicos y, también, de decisiones internas de carácter organizativo. Sirva de ejemplo como en la lucha contra la discriminación suele producirse una confusión entre el nivel macro y el micro. Pongamos un ejemplo: un determinado ámbito público tiene dos plazas libres para directivos y realiza un concurso de méritos bajo los principios de igualdad, capacidad y mérito. Una vez culminado el proceso, el resultado es que se incorporan dos hombres a estos puestos. En este caso, el sentir del colectivo afectado (las féminas candidatas y todas las mujeres en general) es que esta organización discrimina a las mujeres en su rol de directivas. La comisión de selección se defiende argumentando que los dos hombres seleccionados poseen currículums mucho más potentes que los presentados por las candidatas y que carece de sentido imponer cuotas en estos procesos a nivel micro. En esta situación, es necesario alzar la mirada y analizar qué ha sucedido en esta organización durante los últimos años en los procesos de selección de personal directivo y comprobar si se ha producido o no una manifiesta asimetría por razón de género. En este caso, una mala decisión sería seleccionar, por protocolo, a un hombre y a una mujer, que sería lo más aconsejable para no ser objeto de espurias críticas de discriminación.

La complejidad en la gestión de este fenómeno puede ser endiablado. De momento es relativamente sencillo, ya que las administraciones públicas solo combaten dos tipos de discriminación: uno por razón de género y otro por discapacidad (estableciendo cuotas), pero la dificultad será máxima cuando se introduzcan, por justicia social, otras fuentes de discriminación: por sexo no binario, por raza, religión, por ideología, por procedencia social, por edad, por apariencia física, por nuevas discapacidades, por procedencia territorial, etc. En este contexto, es muy fácil agarrar el rábano por las hojas y cometer insensateces tal y como se ha hecho referencia, ponderar las microintervenciones y dejar inéditas las intervenciones a nivel macro. Por ejemplo, lo primero que habría que hacer es cambiar los procesos selectivos de la Administración que bajo los inmaculados principios de igualdad, capacidad y mérito son radicalmente discriminatorios por procedencia social de los potenciales candidatos, discriminación esta que correlaciona con la discriminación racial (muy pocos de los miembros de las segundas generaciones de inmigrantes gozan de suficiente confort económico para sufragarse la preparación de unas oposiciones), de edad (los temarios memorísticos discriminan a los que tienen más edad por la pérdida de memoria), de nuevas discapacidades (por ejemplo, personas disléxicas o con problemas de atención tienen pocas opciones en unas oposiciones memorísticas) e incluso de asimetrías de carácter territorial (como sucede en el caso de la Administración General del Estado). No hay ninguna duda de que los hacedores de políticas y servicios públicos son hombres (todavía, pero afortunadamente en clara recesión), de clases sociales acomodadas, urbanos, blancos, con abolengo nacional, heterosexuales y católicos (también en clara recesión por el proceso de laicidad nacional) y es muy difícil que con estos mimbres puedan atender la diversidad social del país.

EL PROBLEMA TRANSVERSAL: LA FALTA DE CONFIANZA

Hay varios especialistas que consideran que el problema de fondo es la falta de confianza que genera un déficit reputacional en múltiples dimensiones. Es curioso, ya que esta preocupación no afecta solo al sector público, sino también al sector privado. Las empresas privadas consideran que su principal fortaleza o debilidad reside en la confianza social hacia su marca. Despliegan todo tipo de estrategias de comunicación y de gestión para incrementar su reputación y lograr más confianza social. Fruto de esta preocupación muchas empresas se están orientando hacia lo que denominan *economía del propósito*, que representa un paradigma que va mucho más allá de lograr beneficios para satisfacer a sus propietarios y accionistas. La economía del propósito aspira a lograr un valor transversal, más allá del mero económico, con el que una empresa aporte valor social por distintas vías.

Esta preocupación del ámbito empresarial tiene paradójicamente una naturaleza pública, pero son las instituciones y administraciones públicas las que dependen, desde hace mucho tiempo, de la confianza y de la reputación. Instituciones públicas sin legitimidad social son instituciones fallidas. La Administración posee, por definición, los ingredientes de la denominada economía del propósito: la defensa del bien común y del interés general. Pero, durante los últimos tiempos, parece que las administraciones hayan abandonado esta lucha por retener o ganarse la confianza social. Hacer frente a un entorno turbulento y mucho más complejo, la implantación cada vez más sofisticada de la Administración digital, un dédalo de dinámicas de innovación sin un propósito claro, el derrumbe del modelo de función pública, nuevas formas de organización del trabajo (desde el trabajo colaborativo al teletrabajo) han dominado una agenda que ha dejado de lado a los ciudadanos. En las décadas anteriores, destacaba un mantra que era "poner al ciudadano en el centro de todas las preocupaciones, estrategias e innovaciones". Una sentencia que era una obviedad, pero que funcionaba. Ahora, este centro gravitacional se ha transformado en un complejo sistema policéntrico en el que la ciudadanía y los ciudadanos ocupan una posición marginal. Se trata de un gran despiste sutil y silencioso, pero que ya manifiesta sus consecuencias: hay una evidente crisis de confianza y de reputación de las instituciones y administraciones públicas. Con esta crisis, las administraciones pierden su identidad y carecen de un anclaje sólido. La crisis de confianza social se expande y contamina también las dimensiones internas: los empleados públicos desconfían de la dirección política y viceversa, los empleados públicos desconfían de los directivos profesionales y viceversa, los empleados desconfían entre ellos tanto a nivel colectivo (especializaciones o ámbitos profesionales) como a nivel individual. La desconfianza hacia los sindicatos es compartida por casi todos los actores internos.

La dirección pública no tiene mucho recorrido en un contexto generalizado de desconfianza, ya que es la instancia organizativa que más necesita un clima de confianza. No se puede dirigir bien al personal que desconfía (la legitimidad de la dirección pública no es muy elevada) y del que, precisamente por esta desconfianza, también desconfías. Sí, además, al directivo público tampoco le merece mucha confianza el responsable político del que depende, el resultado es que la dirección pública levita en un sistema que no tiene amarres ni superiores, ni inferiores, ni horizontales (los directivos también suelen desconfiar de los otros directivos por la falta de reglas claras en la dirección pública profesional).

Pero el actual clima de desconfianza también posee una derivada organizativa: directivos y empleados públicos desconfían igualmente de la Administración digital, del caótico modelo de gestión de recursos humanos como fuente de arbitrariedad e injusticias laborales, de unas estructuras administrativas agotadas y con inflación orgánica, etc. Las nuevas formas de organización del trabajo, como el trabajo colaborativo, las dinámicas multidisciplinares, la transversalidad, la gestión por proyectos o el teletrabajo, están abocadas al fracaso, puesto que su principal requisito es que se desarrollen en el marco de sólido clima de confianza.

CAPÍTULO 2

RESILIENCIA Y NUEVA ORGANIZACIÓN DEL TRABAJO EN LA GESTIÓN PÚBLICA

Desde la sobrevenida crisis de la COVID-19 se ha puesto de moda en la jerga administrativa un término bastante odioso por su reiterado uso durante los últimos años: *la resiliencia*. La necesidad de que las administraciones públicas posean, a partir de ahora, elevadas capacidades de resiliencia. La idea es sencilla y no especialmente novedosa. A partir de este momento, el entorno de las administraciones públicas va a ser turbulento con la potencial aparición de crisis y sucesos sobrevenidos, sorpresivos y extraordinarios a los que la Administración pública deberá dar una rápida respuesta. En efecto, a partir de ahora, la excepción puede transformarse en la regla y desde las instancias públicas es probable que tengamos que atender acontecimientos excepcionales derivados de crisis de salud pública, problemas vinculados al cambio climático, crisis medioambientales, nuevas situaciones socioeconómicas derivadas de las pendulares crisis económicas, que ahora son más agudas y con más externalidades negativas que las crisis acontecidas durante las décadas anteriores, etc.

Por tanto, va a ser necesario disponer de unos modelos de gestión pública más flexibles y contingentes que tengan capacidad para transformarse y atender estos escenarios tan cambiantes y sorprendentes. Aquí es donde entra en juego la resiliencia y es necesario reflexionar con profundidad sobre lo que implica exactamente poseer o no esta capacidad. Las respuestas públicas a la crisis de la COVID-19 nos pueden dar pistas sobre los tipos de resiliencia y aprender de los aciertos y, especialmente, de los errores acontecidos durante esta crisis.

Desde mi punto de vista hay varios tipos de resiliencia: a) la resiliencia clásica (que suele ser pasiva); b) la resiliencia activa (la que será necesaria a partir de ahora); c) la no resiliencia, y el peor de los supuestos: d) la resiliencia reaccionaria.

La resiliencia clásica consiste en que la Administración posee un modelo de gestión con un conjunto de arreglos institucionales y organizativos que no es capaz de absorber una crisis sobrevenida. Ante esta situación, la Administración debe introducir cambios rápidos en su modelo de gestión para atender la nueva excepcionalidad y, una vez logrado, superar el problema y regresar al modelo inicial de gestión. Es decir, la cacareada resiliencia consiste en tener capacidad para cambiar el modelo, pero con el objetivo de regresar, lo más rápido posible, al modelo de gestión inicial y de carácter estructural. Un buen ejemplo de este escenario es lo que se hizo durante la crisis de la COVID-19 con los mecanismos de contratación pública. La contratación es cada vez más garantista y posee la externalidad negativa, entre otras, que es lentísima. En su momento se requerían con urgencia vital respiradores, mascarillas, etc., y se decidió dejar en suspenso las reglas del juego vigentes de la contratación pública. Una vez superada la situación extraordinaria, se volvió a aplicar el régimen de contratación pública exactamente igual que antes.

La resiliencia activa se considera que es la que va a ser necesaria que adopten las administraciones públicas a partir de ahora, ya que no es suficiente ser solo resilientes a secas. La resiliencia activa consiste en ser capaces de adaptarnos a una crisis extraordinaria e imprevista, pero luego no regresar al modelo anterior, sino aprender de esta experiencia e incorporar los aspectos positivos de ella, limitar las externalidades negativas y, así, configurar un nuevo modelo de gestión. La resiliencia activa apela a un proceso continuo de transformación y mejora de los modelos de gestión. Siguiendo el ejemplo anterior sobre contratación pública, la sugerencia sería que habría que valorar las buenas prácticas y ventajas de la contratación excepcional durante la fase dura de la COVID-19 y aprender de los errores. Este proceso de aprendizaje debería facilitar alumbrar un nuevo modelo de contratación después de esta experiencia. Por tanto, un sistema de contratación en continuo proceso de cambio y de mejora.

Pero también puede acontecer el escenario en que la Administración pública es incapaz de ser resiliente. Un buen ejemplo de ello durante la crisis de la COVID-19 fue el modelo de gestión de recursos humanos. En esta dimensión no se hizo ningún cambio, como en el caso de la contratación pública, y siguieron vigentes las reglas del juego de siempre y no se optó por dejarlas transitoriamente en suspenso. Por ejemplo, no fueron posibles los redimensionamientos de plantilla exprés con transferencias de personal de los servicios públicos en estado de hibernación durante la pandemia (cultura, deportes, etc.) para reforzar los ámbitos de gestión más tensionados (servicios sociales, gestión de expedientes de empleo, etc.). Ahora mismo sería el caso de la tramitación de los expedientes de jubilación, de prestaciones por desempleo, de ingreso mínimo vital que reclaman más efectivos de personal. Por tanto, en materia de gestión de personal se ha manifestado que no tenemos capacidad de resiliencia y habrá que trabajar para que ello sea posible, ya que, si no, se va a convertir en el cuello de botella de la Administración pública para atender con ciertas garantías las próximas crisis.

Finalmente, existe un escenario perverso, que es la resiliencia reaccionaria; es la peor de todas y suele pasar desapercibida. Con la crisis de la COVID-19 nos emocionamos con las potencialidades de la Administración digital y con las amplias posibilidades que ofrecía el teletrabajo. Se solía comentar con orgullo que, en ambas materias, gracias a esta crisis, habíamos avanzado muchos años y habíamos podido superar una dinámica de carácter incremental, extraordinariamente lenta y desesperante de la mano de múltiples pruebas piloto que no llegaban a ningún puerto (como era el caso del teletrabajo). Aparentemente, con la Administración digital y con el teletrabajo hemos logrado la resiliencia activa. Pero considero que no es cierto, sino todo lo contrario, ya que ha sido un ejercicio de resiliencia reaccionaria cuyo nuevo modelo de gestión, en diversos aspectos, es peor que el que teníamos antes de la crisis. Si analizamos la atención pública hacia la ciudadanía, creo que no hay ninguna duda de que ahora es peor que la que practicábamos antes de la crisis sanitaria. Por tanto, se trata de una dinámica de cambio no orientada a la mejora, sino todo lo contrario. Es obvio que hay que apostar por profundizar más en la Administración digital y por introducir el teletrabajo en la gestión pública, pero lo que no es admisible es implementarlo en detrimento de la calidad de la atención ciudadana. Por tanto, no hay que confundir la resiliencia activa con la resiliencia reaccionaria.

LA MALDICIÓN DE LA ADMINISTRACIÓN DIGITAL

Hace 30 años impartía cursos a los funcionarios sobre gestión operativa y "servucción". Una materia orientada a mejorar la calidad y atención de los servicios públicos hacia los ciudadanos. La disciplina de la *servucción* respondía a una literatura entonces de moda sobre la complejidad de la producción de servicios comparada con la producción industrial. En la producción de servicios, el usuario entra dentro de la organización y no valora solo la calidad del servicio, sino otros elementos vinculados a la manera de prestar el servicio (la distinción entre servicios implícitos y servicios explícitos). La gestión operativa de servicios es un enfoque propio de la ingeniería que básicamente intenta mejorar las capacidades internas para evitar los tiempos de espera (colas) de los ciudadanos. Recuerdo las sonrisas de los alumnos por las etiquetas técnicas utilizadas, ya que más que un enfoque de ingeniería parecía un tratado de sexología (teoría de colas, análisis de flujos e incremento de capacidades...). La cuestión relevante es que hace 25 años que dejé de impartir esta materia, pues nuestras administraciones públicas habían asumido con normalidad todos estos contenidos y la calidad de atención a los ciudadanos era muy razonable. No era necesario incidir más en este tema.

Con la denominada *revolución 2.0* (primero, las nuevas tecnologías de la información y de la comunicación, y luego, la e-Administración o el e-Gobierno), la atención a los ciudadanos mejoró todavía más: amplia información en las webs, posibilidad de hacer trámites *online* para los ciudadanos con destrezas digitales, etc. La introducción de estas tecnologías fue incremental pero sostenible en el tiempo hasta alcanzar una Administración pública casi plenamente digitalizada (España está en la posición 17, a nivel mundial, en digitalización de sus entidades públicas). Esta revolución tecnológica perfeccionó la calidad de atención de los ciudadanos, aunque, desgraciadamente, no ejerció de catalizador para transformar nuestros procesos internos de gestión. Una de cal y otra de arena.

Pero, con la pandemia, las administraciones públicas "se vinieron arriba" con la ahora denominada Administración digital. Nos percatamos de nuestra fortaleza digital y nos entusiasmamos con el teletrabajo, etc. Nada que objetar, salvo que considero que la externalidad negativa es que estamos dejando de lado, de nuevo, la atención a los ciudadanos precisamente por un exceso de fetichismo y entusiasmo con la Administración digital. Con la ilegal práctica de que los ciudadanos no pueden acceder a una oficina pública sin solicitar cita previa, empieza una concatenación de barbaridades que menosprecian a la ciudadanía y, especialmente, a su colectivo más vulnerable. La idea es que los ciudadanos, de manera preferente, hagan los trámites vía digital y, para aquellos menos ilustrados, se les atienda con reparos si previamente contactan telemáticamente con la Administración. Aunque existe la posibilidad de interactuar por teléfono, creo que este canal se considera residual, ya que es común que nadie atienda estos teléfonos de atención al público.

No tengo nada en contra de la Administración digital, sino todo lo contrario. Siempre hay que celebrar los avances tecnológicos si estos van a favor de la mejora de la atención ciudadana y no solo —como es ahora el caso— a favor de mejorar el confort de los empleados públicos de atención directa a los usuarios. En este sentido, destaco dos grandes problemas que hay que considerar de forma inmediata.

En primer lugar, tener presente que el 40% de los ciudadanos españoles no poseen las capacidades necesarias para interaccionar digitalmente con las administraciones públicas. No poseen estas destrezas por falta de alfabetización digital y porque el lenguaje y la tecnología de las instituciones públicas no lo ponen fácil. No es raro que una persona poco diestra en tecnología pueda comunicarse digitalmente con facilidad con su entidad bancaria, pero no con la Administración. El lenguaje administrativo y los procedimientos digitales públicos son incomprensiblemente mucho más complejos que los privados.

El segundo problema tiene que ver con la falta de robustez de los trámites digitales públicos. Hace unos meses se publicó un artículo en *El País* en el que se afirmaba que el 80% de los trámites digitales de los ciudadanos con las administraciones públicas no se culminaban. En este caso, estamos hablando de que al 60% de la población que se considera preparada digitalmente le resulta casi imposible interaccionar con éxito con la Administración. Los procesos digitales son largos, farragosos, complejos y preñados de trampas que ni los más expertos son capaces de superarlas. A todos nos ha ocurrido, incluso a los propios empleados públicos diestros con estas tecnologías. No tiene sentido lanzar trámites administrativos digitales cuando es sabido que no funcionan. Primero hay que asegurar su eficacia y luego lanzarlos, ya que, si no, el grado de enfado y desprotección de los ciudadanos es enorme y acaban aborreciendo algo que es positivo y que es el presente y el futuro. Las administraciones públicas están incentivando un artificial ejército de ciudadanos luditas y, además, cada vez más desafectos con los servicios públicos.

No quiero ser injusto, puesto que este problema no es exclusivo ni del sector público ni de la Administración pública española, sino que también sucede en una parte significativa de la empresa privada y también en trámites administrativos de otros países. Es evidente que la tecnología está madura para la interacción digital, pero hay un problema indudable a la hora de ponerla en funcionamiento. Mejoremos antes esta implementación y luego sugiramos esta vía sin que, en ningún caso, pueda ser una obligación, atendiendo a la sociología ciudadana en habilidades tecnológicas.

LA AUTORIDAD EN DECLIVE

Una característica de estos tiempos turbulentos es el declive del concepto de *autoridad*. La primera acepción de este término que ofrece la Real Academia Española es: "Poder que gobierna o ejerce el mando, de hecho o de derecho", y la tercera: "Prestigio y crédito que se reconoce a una persona o institución por su legitimidad o por su calidad y competencia en alguna materia". Ambas definiciones articulan dos tipos de autoridad: la formal (*potestas*) y la reputacional (*auctoritas*). Todas las sociedades organizadas, los organismos privados y sociales, las familias y las instituciones públicas se articulan mediante la autoridad. Sin el ingrediente de la autoridad no es posible avanzar y no es viable, a nivel institucional, ser eficaz para resolver los problemas públicos. Con el tiempo se ha ido fraguando una conciencia social subterránea y sutil que socava el principio de autoridad maquillado con una concepción simplista de carácter igualitario y colaborativo. Hay múltiples elementos que están contribuyendo a debilitar el concepto de autoridad:

- La disrupción tecnológica fomenta lógicas de intercambio colaborativo que empoderan horizontalmente a la ciudadanía y los intermediarios quedan en una posición delicada o incluso desaparecen. Es la decadencia de los intermediarios que antes poseían autoridad y ahora ya no o que atesoran una fuerza mucho menor. Los ejemplos son muchos: desde las enciclopedias, los docentes o los médicos hasta los gobernantes.

- El avance tecnológico ofrece múltiples canales de información de muy baja calidad que compiten y corrompen los canales clásicos de comunicación, sean estos los medios tradicionales de información o los canales institucionales de información. Los ciudadanos o bien no se fían de nadie o bien confían en todos, sin discriminar unos medios frente a otros, y el concepto de autoridad se va diluyendo.
- La posmodernidad ha venido acompañada por un desgaste de todos los operadores socioeconómicos e institucionales. Partidos políticos, organizaciones sociales, empresas e instituciones públicas están en permanente sospecha de ser tramposos y engañosos y, socialmente, son poco respetados y, por tanto, desautorizados.
- El trabajo colaborativo suele considerarse como un sistema que enriquece los resultados apelando a lógicas horizontales que intentan superar las empobrecedoras dinámicas jerárquicas. Esta concepción es, en muchos casos, acertada, pero tiene el inconveniente de que destruye el concepto clásico de autoridad y lo diluye en un modelo confuso de autoridad colectiva desarticulada.
- La excelencia, el prestigio o la meritocracia han sido tradicionalmente poco aceptadas socialmente por la envidia colectiva y por el rechazo al elitismo, pero, a pesar de ello, atesoraban autoridad y reconocimiento, aunque fuera a regañadientes. Pero, en la actualidad, estos atributos son muy vulnerables a sufrir ataques espurios que los deslegitiman con pasmosa facilidad. Cada vez hay menos actores que poseen autoridad a nivel social, profesional o académico.
- Vivimos un momento de un saludable empoderamiento de todo tipo de colectivos que estaban injustamente

> marginados o que, subjetivamente, se consideraban marginados. Pero estas dinámicas de empoderamiento, como se ha comentado con anterioridad, no están en un momento maduro que permita discriminar los empoderamientos justos de los frívolos e injustificados. Hay que tener presente que, cuando un colectivo o una persona se empodera, lo suele hacer en detrimento del colectivo, persona o institución que atesora autoridad. El empoderamiento suele desautorizar a algún actor o autoriza a tantos actores que ninguno posee autoridad real.

La convergencia en espacio y tiempo de estas dinámicas genera un escenario perverso y precario que forja la decadencia de la autoridad. Esta situación no representaría ningún problema si no fuera por que la pérdida de autoridad refuerza (empodera) la mediocridad e induce a una anarquía social e institucional. En el rebaño, se empodera primero el perro y luego todas las ovejas e irremediablemente el pastor carece de autoridad para conducir el rebaño. Muchos colegas de mi ámbito profesional (profesores universitarios) se quejan de unos alumnos empoderados que maximizan sus derechos y minimizan sus obligaciones con unos decanatos miedosos ante estas dinámicas que dejan a los pies del caballo a los profesores. Está mal visto social e institucionalmente exigir, suspender, intentar mantener un orden y disciplina en el aula, los profesores tienen que ser muy cuidadosos con sus relatos para ser siempre políticamente correctos, etc. Aunque a mí me da la impresión de que estos profesores exageran, tengo que reconocer que algo de razón tienen y que ejercer la función docente es cada vez más difícil y limitada. En el caso de la enseñanza primaria y secundaria, es una certeza absoluta.

Enfoquemos estas dinámicas para establecer cómo afectan al funcionamiento de nuestras administraciones públicas. Para ello hay que tener presente un conjunto de reflexiones previas:

- En la Administración pública convergen dos tipos de autoridades: la política ejercida por los cargos políticos con funciones ejecutivas y los altos funcionarios que ocupan puestos directivos. Es, por tanto, un modelo esquizofrénico de autoridad en el que, como es lógico, la dimensión política está por encima de la dimensión tecnocrática.
- La autoridad política en la cúspide de la Administración es indiscutible, pero va asociada con situaciones confusas, ya que, en muchos casos, la *potestas* no suele ir acompañada por la *auctoritas* que acredita un dominio del ámbito temático en el que se tiene capacidad para tomar decisiones de calidad. En este sentido, puede considerarse, algunas veces, como una autoridad limitada a nivel simbólico o material.
- La autoridad tecnocrática también puede poseer unas limitaciones parecidas al punto anterior debido a la falta de una regulación de la dirección pública profesional, ya que el mecanismo de libre designación política puede ejercerse de manera discrecional y heterodoxa. En este sentido, el nivel de empoderamiento de los directivos profesionales puede ser bajo.
- La inexistente ordenación formal y material de las funciones políticas frente a las tecnocráticas debilita a los directivos profesionales, pues pueden ser objeto de invasiones políticas en sus competencias. A ello puede añadirse el hecho de que el personal eventual no tenga claras sus funciones de apoyo y asesoramiento estrictamente político y expandan sus dominios a la dimensión profesional de la Administración.
- El modelo de gestión de recursos humanos deja poco margen de acción a los directivos profesionales y ejerce un papel evidente de desapoderamiento de estos. El rol invasivo que suelen ejercer los sindicatos contribuye a limitar este papel directivo.
- Los empleados públicos han estado de manera estructural muy empoderados en sus relaciones con los directivos

profesionales. Derivado del punto anterior, la capacidad de ordenar e incentivar ciertas conductas por parte de los directivos hacia sus empleados es muy limitada.

- La elevada sensibilidad de los empleados públicos hacia una concepción algo difusa del acoso laboral limita todavía más las capacidades de los directivos para disciplinar su ámbito de gestión. Los directivos tienen que ser ahora extremadamente cautos al ejercer su función ordenadora de sus recursos de personal. Tradicionalmente, los directivos han tenido una nula capacidad en materia disciplinaria de carácter formal, pero ahora también poseen una capacidad muy limitada en disciplina material y de baja intensidad.
- Las nuevas dinámicas de organización derivadas del trabajo colaborativo y del teletrabajo empoderan todavía más a los empleados públicos y, en consecuencia, desapoderan a los directivos. Los vasos comunicantes y las interferencias cruzadas son inevitables.
- En apariencia, el trabajo colaborativo y el teletrabajo debería fomentar la autonomía y creatividad de los empleados públicos, pero en la práctica esto sucede en escasas ocasiones. Buena parte de los empleados públicos siguen acomodados en una especialización y en unas funciones muy limitadas, y el resto de los ítems emergentes suelen quedar abandonados. Paradójicamente, esta nueva organización no libera de carga de trabajo a los directivos, sino que les exige un sobreesfuerzo de control, supervisión e incluso de asumir tareas menores y operativas que no formaban parte de sus funciones directivas y que colapsa sus agendas.
- El entorno turbulento poscovid genera nuevos retos sobrevenidos, sorprendentes e inéditos que hay que atender. Generan una sobrecarga de trabajo, ya que no se pueden desatender las funciones estructurales. Además, los empleados públicos, usualmente acomodados en las

rutinas y en la certidumbre, suelen inhibirse de contribuir a dar respuesta a estos nuevos retos y dejan que sean absorbidos directamente (y en exclusiva) por unos directivos que ya no poseen el mínimo coeficiente de elasticidad en sus agendas.
- Los incentivos administrativos y económicos para ejercer la función directiva suelen ser muy discretos: a nivel administrativo carecen totalmente de estabilidad, puesto que pueden ser cesados en cualquier momento y situación. Siempre penden de un hilo totalmente imprevisible en un escenario de absoluta provisionalidad e inestabilidad. Por otra parte, los incentivos económicos no suelen compensar el nivel de responsabilidad ni la incertidumbre endógena y exógena que suele acompañar a estos puestos de responsabilidad.

Todos estos elementos convergen en un mismo vector: la merma clara y evidente de la autoridad de los directivos públicos. Se trata de unos actores que poseen un portafolio de responsabilidades y funciones muy complejo y amplio, pero, en cambio, carecen de la mayoría de los instrumentos para ejecutarlo de manera solvente y con garantías. La pregunta es, en este contexto, ¿quién puede aceptar ocupar un puesto de directivo profesional? La respuesta lógica sería que ninguno. Pero esta conclusión no está en sintonía con la realidad, ya que estos puestos son ocupados en su totalidad (aunque, en muchas ocasiones, cuesta que los profesionales acepten la propuesta). Para comprender esta paradoja hay que entrar en la mente y en la práctica de estos directivos públicos en la que se pueden dar distintos supuestos:

- Algunos profesionales aceptan ocupar puestos de dirección pública por sus valores públicos y por su elevado compromiso institucional. Se trata de directivos públicos serios y competentes que se encuentran en la tesitura que desean llevar a cabo un proyecto, pero sin los instrumentos necesarios para ello. Operan con las dos manos atadas y su nivel de sufrimiento y angustia es muy elevado. Son directivos que suelen quemarse y abdicar, más pronto que tarde, de su posición y compromiso. Las tensiones que tienen que soportar estos directivos con sus empleados públicos suelen ser muy altas y en contexto de constantes sobresaltos y decepciones.

- Una parte mayoritaria acepta ocupar un puesto de dirección pública con la convicción íntima que jamás va a ejercer en la práctica esta función. Se consideran a sí mismos como un empleado más de la tropa y renuncian a ejercer la mínima función de mando sobre esta. Curiosamente, estos no directivos son los mejor considerados por los empleados públicos y, paradójicamente, son aceptados con normalidad por los cargos políticos.
- Una parte minoritaria de los directivos públicos acepta ocupar esta posición por motivos políticos. Su perfil es más proclive a las dinámicas políticas que a las profesionales y suelen asumir funciones de auxilio político hacia sus superiores. Para ellos el resto de la Administración les preocupa muy poco y no se sienten aludidos por sus problemas y necesidades. Su único objetivo es permanecer en sus puestos de dirección y no regresar a la dimensión tecnocrática que les disgusta y con la que no se sienten incumbidos.

El resultado de estos tres roles es que el primero intenta ejercer una autoridad que en la práctica no posee y se limita a jugar de manera ingenua a ejercer de Sísifo hasta que su cuerpo y mente aguante esta dinámica perversa, desgastante y yerma. El segundo grupo se siente muy confortable renunciando a ejercer su autoridad y se limita a surfear los problemas y retos sin aportar apenas ningún valor añadido. El tercer grupo rehúye de la autoridad administrativa y se conforma con gestionar las migajas de una autoridad política que no le corresponde. Su estrategia no es profesional, sino política y lo que anhela es ocupar un puesto formalmente político para ejercer la autoridad política de manera plena. Es obvio que el resultado de todo ello es un absoluto desgobierno organizativo y administrativo. Siempre se puede argumentar que se trata de un modelo de gestión moderno, horizontal, colaborativo, de empoderamientos diversos o holacrático, pero estas etiquetas conceptuales no son más que una impostura para ocultar que el modelo de gestión real es caótico, asambleario, corporativo, conflictivo y voluntarista en casos excepcionales. El nivel de eficacia y de eficiencia de este modelo de gestión es inevitablemente muy discreto.

EL NUEVO SURREALISMO ADMINISTRATIVO

Dalí debe estar removiéndose en la tumba al ver que sus obras han sido ampliamente superadas por el actual surrealismo administrativo. Se trata de un movimiento artístico muy arraigado en las administraciones públicas, pero que, en los últimos tiempos, está mostrando una notable capacidad para reinventarse hasta emparentarse con el esperpento. Como sucede en todos los ámbitos, uno puede contemplar surrealismo de calidad, pero también surrealismo aficionado y chapucero. Con este segundo milita con entusiasmo la dinámica administrativa. Es cierto que la gestión pública es tan compleja que es inevitable que acoja en su seno algunas rarezas inexplicables, pero algunas ciertamente carecen de justificación, aunque se sea indulgente. Veamos algunos ejemplos:

Siempre he afirmado la necesidad de flexibilizar al máximo la gestión de los recursos humanos. Una regulación excesiva suele tener como resultado que la Administración como organización se pega un tiro en el pie. Un buen ejemplo de ello es la habitual práctica de exigir un determinado título universitario para el acceso a la función pública o para los concursos internos de méritos. Con ello limitamos la competitividad y cercenamos la posibilidad de atraer talento. ¿Tiene sentido que para una plaza tecnológica vinculada a la gobernanza de datos se exija la titulación de informático o de ingeniero? La respuesta es que no, ya que actualmente el mundo de la formación y del mercado de trabajo es tan dinámico que las titulaciones dicen muy poco de las competencias reales de un potencial candidato. Por ejemplo, un graduado en humanidades que realiza una maestría en gobernanza de datos y posteriormente trabaja en una empresa tecnológica puede implicar que posea unas competencias más adecuadas que las de un informático o de un ingeniero con un desarrollo más tradicional. Paradójicamente, la Administración ha optado por esta flexibilidad en las titulaciones en un ámbito tan delicado como el de la docencia. Ahora es perfectamente posible que un graduado en matemáticas opte a una plaza de profesor de Latín sin acreditar ninguna competencia en esta materia. Con esta flexibilización el surrealismo está servido: en un centro educativo de náutica se ofertaron tres plazas de profesores de Mecánica y ganaron las plazas un pianista, un filósofo y un arquitecto con el sólido argumento de que no se presentó nadie más. Ahora estas clases las imparten tres interinos, puesto que los contratados están de baja por depresión.

La movilidad de los empleados públicos es uno de los puntales de la función pública que, bien articulada, todos ganan: los funcionarios pueden aspirar a desarrollar una carrera bien variada y motivadora y la Administración aprovecha la adquisición de competencias profesionales y de una elevada motivación. Pero las administraciones públicas se han abonado a una movilidad desorganizada y caótica que va en detrimento de la buena gestión y de la calidad de los servicios públicos de la que se benefician los empleados públicos más avispados. Los concursos de traslados y las comisiones de servicios mal implementados generan situaciones surrealistas en las que los que ocupan una plaza se marchan al cabo de un mes y muchas veces ni tan siquiera la ocupan, pero tienen reserva de la anterior: un galimatías surrealista que atenta contra la buena organización que se basa en una cierta estabilidad de los equipos de trabajo.

El gran problema de la Administración es la ausencia de una dirección pública profesional y su no regulación mediante los puestos de libre designación basados en criterios de confianza con escasa presencia de ingredientes meritocráticos. La situación ha llegado a ser tan escandalosa que los tribunales intentan poner coto a esta relajación institucional. Pero es una evidencia empírica que, cuando los jueces intentan racionalizar la Administración, el resultado es irremediablemente surrealista. Ahora cada vez es más habitual que alguien nombrado para un puesto de libre designación sea elegido solo basándose en la confianza, pero que no pueda ser cesado por la desconfianza, pues el juez pone muchos impedimentos. Se da la circunstancia que, actualmente, incluso algunos eventuales (puestos puros de confianza política), cuando son ratificados por el siguiente responsable político, los jueces los consideran personal fijo. Tampoco es extraño que funcionarios que pasan a ocupar un puesto de libre designación a otra Administración tengan la prebenda de la reserva de plaza de su Administración de origen como si estuvieran en servicios especiales. La libre designación siempre ha sido perversa, pero el nuevo modelo de libre designación "blindado", que están diseñando de manera espontánea los jueces por su cuenta y riesgo, es surrealista.

Analizar y, especialmente, criticar el proceso de estabilización es un tema tabú, ya que puede herir la sensibilidad de un personal muy empoderado. No hay ninguna duda de que la elevada temporalidad en la Administración pública mediante interinos ha sido un acto de crueldad laboral extrema para la que, por justicia, era necesario hacer la vista gorda con la exigencia constitucional de la meritocracia. Pero no parece muy justo que el proceso de estabilización haya seguido, en bastantes casos, la lógica de la lotería: algunos interinos con escaso tiempo en la Administración han sido premiados con una plaza fija de por vida, y otros, con mucho tiempo de servicio, han quedado fuera de este proceso. Unos han tenido que realizar unas pruebas bastante exigentes y otros unas sumamente fáciles, etc. No hay ninguna duda de que era y es un problema difícil de resolver, pero no es una buena estrategia que, para obviar la meritocracia, tenga que extorsionarse también el principio de la equidad.

Como muchas externalizaciones han tenido un desarrollo defectuoso se ha optado por su internalización, pero asumiendo como empleados públicos colectivos de empleados privados (subrogación laboral) sin que haya mediado la más mínima exigencia meritocrática. Si esta dinámica se consolida, va a faltar tiempo para que algunos políticos con aviesas intenciones externalicen un servicio a una empresa privada con o sin ánimo de lucro para que esta contrate a familiares, amigos y militantes del partido y, al cabo de pocos años, esta plantilla se internalice y todos pasen a ser empleados públicos. Que yo sepa, esto todavía no ha sucedido, pero ante el desparpajo político del país va a acabar aconteciendo.

Tenemos una magnífica y estricta ley de contratos para evitar los casos de corrupción, aunque no es una evidencia que lo haya logrado. Pero, en cambio, sí que ha conseguido que la complejidad de los grandes contratos sea tan enorme que las administraciones sean incapaces de prever todas las contingencias. El resultado es una lentitud extrema que va en detrimento de la calidad de los servicios y de que, además, se encarezcan los costes de los proyectos. Millones de euros se pierden por el camino en relicitaciones, indemnizaciones, revisión de precios, etc. Asimismo, asombra la imposibilidad que tiene una Administración de dejar de contratar empresas que no han cumplido los anteriores contratos o que incluso han concertado precios, ya que todavía no hay una sentencia judicial al respecto. Muchas administraciones, cuando contratan a una empresa, saben de antemano que no podrá cumplir, puesto que o bien es una empresa que ya los ha dejado en la estacada antes o bien porque es una empresa de nueva creación con los mismos propietarios de una empresa que anteriormente no cumplió.

Afortunadamente la ley de subvenciones públicas es mucho más fluida. Esta feliz circunstancia anima a que se gobierne a golpe de subvenciones. Cada vez se quiere ir más veloz con las subvenciones para que miles de ciudadanos cobren de manera rápida, especialmente, cuando se acercan algunas elecciones. Las administraciones se colapsan con las solicitudes y recurren a la estrategia de exigir declaraciones de responsabilidad. Los sistemas de control *ex post* se colapsan, los ciudadanos se crispan y se resisten cuando les exigen la documentación, y cuando al final llega a la Administración, todo ha prescrito. Es lo que está sucediendo y va a suceder con los beneficiarios de las ayudas derivadas de la COVID-19.

Finalmente, ahora que se está implantando de manera generalizada la carrera horizontal, habría que analizar lo que ha sucedido con las administraciones pioneras en esta materia. En algunas de estas administraciones las retribuciones de los empleados públicos han incrementado, de un plumazo, un 20%, pero sin demostrar ningún mérito, ya que la amplia mayoría, el 80%, accedió a posiciones elevadas de la carrera por simple antigüedad. Los requisitos que se exigen para ir progresando son ridículos y vinculados a cursos de formación no diseñados para incrementar la capacitación, sino solo para progresar en la carrera profesional, con la exigencia sindical que estos cursos sean impartidos en horario laboral. Los que reciben esta formación fuera del horario laboral son compensados con un día libre por cada ocho horas de formación. Hay algunos empleados que disponen de 15 días adicionales de libre disposición al año por este concepto. La Administración posee una capacidad innata de implementar buenas ideas de manera surrealista y esperpéntica.

No quiero caer en la trampa de realizar un diagnóstico mediante un compendio de anécdotas que suceden solo de manera excepcional. Tal y como se ha hecho mención, el sector público es tan extenso y complejo que es totalmente normal que acontezcan todo tipo de rarezas y extravagancias. Un antiguo profesor hacía, en este sentido, una analogía con la película, de Jack Lenon, *Los encantos de la gran ciudad*. El actor da vida a un personaje pueblerino que visita un día Nueva York y experimenta una extensa serie de incidentes y desgracias. Es cierto que todo lo que relata esta película puede suceder en esta ciudad, pero no todo, todos los días y a la misma persona. Por desgracia, los ejemplos que he relatado en este texto no son anécdotas, sino categorías, ya que están presentes en la mayoría de las administraciones y son reincidentes con el paso del tiempo. Se trata de casos relatados por un observador privilegiado: el máximo responsable de un tribunal de cuentas autonómico. Estoy convencido de que, desafortunadamente, muchos lectores van a reconocer estos ejemplos como acontecimientos habituales. La Administración contemporánea, con un admirable empeño modernizador, está logrando compaginar y conciliar su tradicional estilo barroco con el surrealista. Sin duda, un gran logro artístico que hay que computar como innovación.

CAPÍTULO 3

LA PERMANENTE IMPOSTURA POLÍTICA

INMOVILISMO E INESTABILIDAD POLÍTICA

La dirección de las administraciones públicas la ejerce la política: los dirigentes políticos electos y los designados por las formaciones políticas que acceden al gobierno. Los procesos de toma de decisiones públicas tienen un innegable carácter político. La dimensión política es la gran especificidad de la Administración pública: es el ingrediente que le otorga legitimidad democrática y reconoce que la defensa del bien común y del interés general no tiene un carácter meramente técnico, sino esencialmente político. Nunca he estado de acuerdo con los sueños más o menos implícitos y ocultos de determinados académicos y sectores sociales que dibujarían una Administración pública dirigida de manera tecnocrática basada en la meritocracia del conocimiento y de las competencias. Una ensoñación de carácter racionalista que desprecia el santo grial de la democracia. Un momento en el que la política y la clase política están especialmente desprestigiadas en casi todo el mundo es una buena oportunidad para salir en su defensa. Los innegables avances de las administraciones públicas democráticas en derechos sociales, en políticas y en servicios públicos son un activo de nuestra historia reciente que hay que vincular a la política. La política y la clase política como la energía y el motor de la mejora y el refinamiento de las políticas y de los servicios públicos (Ramió y Salvador, 2024).

Pero no todo es oro lo que reluce en el vector político en relación con la gestión pública y hay que explicitar dos grandes déficits de carácter estructural en las administraciones públicas del país (y de muchos países): por una parte, una excesiva elasticidad de la política que no suele limitarse a ocupar puestos directivos y estratégicos y tiene la manifiesta tendencia a invadir el espacio estrictamente técnico, gerencial y meritocrático. Hay múltiples ejemplos de esta patología: la ausencia clamorosa de dirección pública profesional, la elevada presencia de puestos de libre designación, numerosos eventuales enredados en la gestión pública ordinaria, etc. Por otra parte, también es denunciable la abdicación estructural de la política y de su clase dirigente en renovar y modernizar las organizaciones públicas adoptando un rol abúlico que cede la agenda en materia institucional y organizativa a los sindicatos y al corporativismo profesional. Una política enfocada en políticas, servicios y en sus resultados, pero que se inhibe sobre el funcionamiento y la mejora de los procesos, las estructuras y la gestión del personal.

Estos dos déficits de la dimensión política con respecto a la organización pública han tenido un efecto devastador, ya que han debilitado las instituciones y las organizaciones públicas y logrado un oxímoron difícil de conseguir: alcanzar, al alimón, inestabilidad e inmovilidad institucional. Unas administraciones incapaces de renovarse, transformarse o modernizarse, pero manifiestamente inestables. En efecto, la penetración de la política hasta el tuétano organizativo y de carácter técnico configura administraciones inestables, con cambios técnicos y profesionales, de rumbo aleatorios, sumidos en una lógica pendular en función de los resultados electorales y de los nombramientos y ceses de los altos cargos políticos.

Si vinculamos estos dos impactos disfuncionales de carácter institucional y organizativo con el modelo de la gobernanza robusta, podemos comprender la magnitud del problema hasta llegar a la tragedia. Este modelo defiende unas administraciones estables y cambiantes y la clase política está aportando justo lo contrario: inestabilidad e inmovilismo administrativo. Por tanto, es una evidencia que la tradicional cultura institucional vinculada el liderazgo político del país en la Administración pública es totalmente disfuncional y tiene que renovarse y transformarse de manera radical; tiene que reinventar su marco conceptual de interacción con las organizaciones públicas. Con la actual cultura institucional de carácter político es imposible adoptar el modelo de gobernanza robusta, aunque se introduzcan muchos ingredientes y novedades técnicas y organizativas orientadas a ello. Si fallan la planificación y la dirección estratégica de naturaleza política no hay ninguna posibilidad técnica para modernizar realmente la Administración pública (Ramió y Salvador, 2024).

Esta abulia política hacia el funcionamiento interno de la Administración pública, hasta ahora, "solo" había tenido como consecuencia la falta de renovación de las organizaciones públicas. Sin planificación, apuntalada por el poder político, es imposible la transformación. Pero, en este momento, este déficit estructural de planificación y de preocupación por las capacidades institucionales y organizativas de la Administración está teniendo consecuencias mucho más graves. Muchos ámbitos de la Administración pública están en situación de colapso por falta de planificación, especialmente en materia de recursos humanos, y asociada al gran relevo intergeneracional que acaba de iniciarse: registros civiles, tramitación de pensiones, prestaciones del ingreso mínimo vital, servicio de correos, etc., están en una grave situación de derrumbe. Además, si no se toman medidas rápidas y muy complejas en poco tiempo van a colapsar los dos grandes servicios públicos del país: el sanitario y el educativo. La inhibición política en materia organizativa tiene sus consecuencias por un déficit de estrategia y de planificación.

EL BAJO PERFIL DE LOS CARGOS POLÍTICOS

Entra en el debate ciudadano la denuncia que buena parte de los políticos posee un perfil competencial bastante precario y que los buenos profesionales que atesoran las competencias necesarias para ocupar puestos políticos de carácter institucional suelen renunciar a dichos cargos. Antes de nada, hay que apuntar que ante esta realidad hay notables excepciones. Siempre ha existido la sensibilidad social de que las personas que ocupan puestos políticos no poseen el perfil adecuado para ello. Pero también se constata que ha sido durante los últimos años cuando estas quejas han llegado a ser estridentes. La supuesta baja calidad profesional de las personas que ocupan puestos políticos en nuestras administraciones públicas se explica por una concatenación causal que es muy difícil de resolver.

En primer lugar, es complicado que a un buen profesional que percibe una retribución acorde a su nivel, tanto en el sector público como en el privado, le seduzca la posibilidad de ocupar un puesto de responsabilidad política en las instituciones. La mayoría de las personas dependen de su sueldo para aportar confort a su familia y, a pesar de que tengan vocación política y de servicio público, se les hace muy cuesta arriba dar este paso. Los sueldos que perciben los cargos políticos en España son, en términos generales, muy bajos (hay excepciones como la Generalitat de Cataluña, el Gobierno Vasco y algunos grandes ayuntamientos). No deja de ser sorprendente que un ministro tenga una retribución que es casi la mitad de la que percibe un subsecretario (puestos reservados a funcionarios). Pero a esta situación precaria a nivel retributivo se le ha sumado la reciente costumbre de la mayoría de los partidos políticos de retener para sus organizaciones un porcentaje del sueldo de los políticos vinculados al partido (sean afiliados o no). Esta perversa práctica rebaja todavía más los emolumentos de los cargos políticos y, además, supone una humillación simbólica hacia estos. Es una manera de recordar siempre que, "ya que te nombro discrecionalmente (o incluso arbitrariamente), tienes que compensarme". Yo lo considero, personalmente, inaceptable, y en algún cargo político que he ocupado me he negado a pagar esta mordida, pero ahora parece que hay muy pocas excepciones.

La segunda dificultad es que las personas que ostentan un cargo político se adentran en una montaña rusa que genera un caos de horarios y una falta de momentos para conciliar con su familia. La práctica política exige estar laborando en los horarios habituales de un trabajador estándar al que hay que sumar una frenética actividad al final de la tarde y noche (reuniones, actos y cenas institucionales) y una vorágine de obligaciones durante los fines de semana (concentración de actos y reuniones de partido y también visitas institucionales). Es usual que ocupar un cargo político de un elevado nivel genere estrés en la persona que recae, ya que siente remordimiento ante su desatención de la vida familiar. Es habitual que una parte importante de los cargos políticos se divorcien durante su mandato.

Por si los dos elementos anteriores fueran pocos, se suma un tercer ingrediente que suele ser determinante para renunciar a ocupar un puesto político de carácter institucional. Cuando uno ostenta un cargo público pone literalmente en juego su prestigio profesional y personal. Forma parte de la rutina de los medios de comunicación ir mucho más allá de la crítica política y técnica y encarnizarse, de una manera totalmente abusiva, con las personas que asumen puestos políticos. Pero, hace unos años, esta externalidad negativa podía ser controlada, ya que se solían producir pactos entre los medios y la clase política con un cierto *fair play*. No obstante, durante los últimos años, los medios de comunicación se han fragmentado con la aparición de los medios digitales y la competencia entre ellos es mucho más feroz que antes. El principal elemento de competitividad entre los medios reside en ser más agresivo con la clase política y denunciar hechos y situaciones no contrastadas, llegando incluso al terreno personal. Las redes sociales han echado gasolina al fuego con la presencia de opiniones y denuncias falsas, frívolas, agresivas y demagógicas. Es muy pesado tener que estar desmintiendo constantemente denuncias falsas y, además, tiene poca utilidad, puesto que la mala imagen ya está presente en la mente social y la defensa no hace más que incrementar el impacto negativo en la ciudadanía. Un buen profesional que posea valores públicos para ocupar un puesto político solo tiene un potente pero delicado patrimonio: su prestigio profesional y personal. Ante la posibilidad casi inevitable de que si ostentas en puesto político este prestigio va a ser mancillado, la renuncia a ocuparlo suele ser la norma, salvo que el reclamado no posea dicho prestigio y, por tanto, no tenga nada que perder.

Este último elemento es definitivo para que buena parte de las personas a las que les proponen ocupar un puesto político se retiren como potenciales candidatos. Las bajas retribuciones y la endemoniada agenda y responsabilidad son obstáculos que se pueden salvar, pero la potencial pérdida de prestigio por la vía del escarnio mediático y social, no. Hace unos años era una honra que a uno le ofrecieran un importante cargo político y la mayoría lo aceptaba con entusiasmo. Ahora, es usual que, antes de que uno acepte asumir uno de estos puestos, haya unos cuantos que previamente han declinado. Con esta dinámica es muy difícil que un país tenga cargos políticos con un elevado nivel. Y no es un problema doméstico de España, sino un fenómeno de carácter global.

POLÍTICA CONVULSA, FRAGMENTADA Y DISCONTINUA

La política también está en un proceso intenso de transformación con varios ingredientes que están ejerciendo de catalizadores:

- El entorno turbulento genera constantemente retos en forma de problemas sobrevenidos, sorprendentes e inéditos. Para dar respuesta a este entorno, la política institucional tiene que ser más creativa, arriesgada e innovadora. Los líderes políticos van mudando de un rol conservador y pasivo a un rol dinámico y disruptivo. En este sentido, el liderazgo político e institucional de Pedro Sánchez sería un buen ejemplo de este nuevo estilo de liderazgo, que combina la estrategia con la táctica y asume riesgos propios de un malabarista. A la Administración y a sus directivos públicos les cuesta trabajo seguir este ritmo, ya que su esencia reside en la estabilidad y en absorber cambios meramente incrementales, y carece de cintura para seguir las novedosas decisiones semanales del Consejo de Ministros.

- La demagogia ha entrado en la agenda política de la mano de partidos políticos situados en los extremos ideológicos, pero que ha arrastrado también a los partidos políticos tradicionales y más centrados. Se gobierna de manera errática en función del estado de humor de las redes sociales.
- La seguridad jurídica e institucional es un valor a la baja. Los líderes políticos en el poder institucional se sienten legitimados no solo para tomar decisiones mirando al futuro, sino también para no hacer suyas decisiones previas que vinculan a las instituciones a largo plazo. Ahora es habitual que un nuevo gobierno no reconozca los compromisos adquiridos por el anterior. Incluso más: un nuevo equipo político no reconoce ni respeta los acuerdos adoptados por el anterior, aunque sea del mismo partido político. La seguridad jurídica e institucional es cada vez más frágil tanto a nivel exógeno como endógeno, lo que desconcierta tanto a los actores socioeconómicos como a los empleados públicos y, muy en especial, a su estamento directivo.

LOS CAMBIOS POLÍTICOS EN LOS GOBIERNOS

Forma parte de la rutina democrática los cambios de gobierno en las administraciones públicas cada vez que se agota un mandato y se produce un relevo político. Se retira un equipo político y entra otro distinto. Esta dinámica representa la esencia de la legitimidad democrática de la Administración pública. Pero, aunque se trate de un fenómeno natural, no deja de ser un proceso complejo y traumático. Los que se van suelen estar confundidos y dolidos por la pérdida del poder, y los que entran, entusiasmados y motivados para tomar el relevo y demostrar de manera pueril que ellos son mejores tanto en su proyecto como en sus capacidades. Es habitual que los cargos políticos, tanto salientes como entrantes, sean noveles en estas lides de transición de un equipo político hacia otro. De este modo, es normal que no sepan muy bien cómo hacerlo, pero lo más censurable es que no suelen plantearse ni preocuparse por estos procesos de remplazo político: suele dominar la improvisación y el estado anímico de unos y otros, y el resultado suele ser un desastre que sufren nuestras administraciones públicas como instituciones. No es un tema menor el tercer gran actor que participa de este proceso representado por los directivos y los empleados públicos cercanos a la dirección política de cada institución. No solo les toca observar de manera pasiva estos momentos de transición, sino que participan activamente en ellos y es usual que lo vivan con sufrimiento por los comportamientos poco elegantes tanto de los equipos políticos entrantes como de los salientes.

En España sufrimos de una mala cultura política en materia institucional: buena parte de nuestros políticos desconocen los complejos entresijos de la realidad administrativa y carecen de estímulos para intentar comprenderla. La falta de conocimiento en la materia les hace vulnerables y se comportan en la Administración guiados por el recelo, la desconfianza y la improvisación. Todas estas malas prácticas se agudizan en los momentos más críticos del proceso político e institucional, que es cuando ingresan o emigran los equipos de gobierno.

Mi primera reflexión es que este no es un tema menor, sino que se trata de unos procesos o momentos absolutamente críticos de nuestras administraciones públicas y que tienen un impacto directo sobre la calidad de nuestras instituciones. Parto de la hipótesis que en España poseemos aseadas organizaciones públicas, pero que a nivel institucional tienen graves deficiencias. Nuestras administraciones públicas carecen de continuidad institucional y cada cambio de mandato suele implicar una traumática fractura ocasionada por una mala cultura política. Nuestras administraciones públicas padecen lo que denomino el "efecto Penélope" (tejemos durante un mandato para destejer lo logrado cuando entra el nuevo equipo de gobierno) y el "adanismo" (inventamos de forma recurrente la rueda y, lo más perjudicial: cometemos de manera reiterada errores políticos y administrativos de principiante). Estas dos patologías reflejan la desconsideración política hacia las administraciones públicas que generan un estrés y un cansancio a sus directivos y empleados públicos. Ganar unas elecciones concede al nuevo equipo de gobierno toda la legitimidad para impulsar su proyecto político formulado en el programa electoral. Pero vencer en unas elecciones no debería suponer poseer una patente de corso para destruir todo lo que se ha construido durante los anteriores mandatos. Considero que las instituciones públicas son como las catedrales: proyectos de décadas o centurias en los que cada equipo arquitectónico introduce su estilo artístico sin destruir el trabajo de los equipos anteriores. Las administraciones públicas deben transitar manteniendo un delicado equilibrio entre la estabilidad y el cambio. Solo con la estabilidad se logra institucionalidad y con el cambio se logra legitimidad democrática e innovación pública. Otro elemento crítico, muy relacionado con el que acabo de mencionar, es la ausencia en nuestro país de dirección pública profesional y el dominio de la libre designación en el estrato estratégico profesional de nuestras administraciones públicas. Esta carencia de este ingrediente técnico, combinada con una perversa cultura política, magnifica la tragedia que antes he relatado. El resultado, muchas veces, genera politización y desprofesionalización del empleo público (un peligroso *spoils system* de circuito cerrado, en palabras de Quermonne) y falta de continuidad que va en detrimento de la calidad institucional.

En los diversos cargos políticos que he ocupado, he estado muy pendiente de estos procesos de transición y siempre me he impuesto los siguientes principios:

- Entrar con un borrador escrito de mi proyecto político y exponerlo a los directivos y al personal más estratégico del ámbito organizativo del que voy a ser responsable. Dejo muy claro que es un borrador y que estoy totalmente abierto a rectificaciones, ampliaciones, etc.
- Escuchar a los actores clave del ámbito organizativo en entrevistas y reuniones para que expliquen en qué situación se encuentra la institución, cuáles han sido los proyectos que han impulsado durante los últimos años y los déficits y fortalezas organizativas. En este caso, es importante tener en cuenta la recomendación de este libro sobre construir desde los mandos intermedios. Escuchar la organización solo de manera elitista es una mala estrategia y hay que intentar llegar (a veces puede ser difícil) al motor organizativo de carácter operativo representado por los cargos intermedios.
- Con la información anterior armo un nuevo proyecto para el nuevo mandato, que someto a debate entre los directivos y los empleados públicos más significativos. El nuevo proyecto es un compendio de continuidad (se mantienen los compromisos adquiridos para respetar la seguridad jurídica e institucional y se incorporan los ingredientes que considero acertados del anterior mandato) y cambio e innovación (el nuevo proyecto político que ha pasado por el filtro de su potencial viabilidad técnica).
- Presento a todos los miembros de la organización (desde el máximo directivo hasta el conserje) el nuevo proyecto.
- Mantengo a todos los directivos y otros puestos de libre designación, ya que soy el primer interesado en su continuidad, pues dominan la materia y los entresijos

organizativos. Los mandatos políticos son muy cortos (cuatro años) y en los últimos tiempos pueden ser cortísimos, atendiendo a las dinámicas turbulentas de la política occidental. No hay tiempo que perder y me resulta poco tentador hacer relevos en los puestos de libre designación al tener que pagar el peaje de pérdidas de tiempo en aprendizajes de los nuevos profesionales sobre el sector y sobre el estado de la organización. Alguna vez me he visto obligado a hacer una sustitución, pero ha sido excepcional y forzada.

- Desde el primer momento del inicio del mandato me he impuesto documentar todas las novedades en políticas, servicios y cambios organizativos para facilitar el relevo a mi futuro sucesor. Considero que la continuidad y aprendizaje institucional no solo es responsabilidad del que entra, sino también del que sale. Cuando está a punto de finalizar el mandato, el equipo directivo prepara un dosier que se entregará al nuevo responsable político. Lamentablemente, en algunas ocasiones, el nuevo cargo no ha leído el informe, pero en otros casos, sí, e incluso ha servido de información útil para los sucesivos cargos después de trascurrir varios años.

Considero que la gran mayoría de nuevos cargos políticos tienen claro lo que quieren aportar, pero desconocen, en gran medida, cómo hacerlo. También es natural que desconozcan los buenos proyectos implementados hasta el momento por la organización y sus fortalezas y debilidades. Por tanto, cuando uno accede a un cargo político debe hacer un esfuerzo por aprender escuchando con elegancia a la organización encarnada por sus empleados más significativos. Humildad y respeto institucional son fortalezas y no debilidades para iniciar un nuevo proyecto político. De esta forma, se logran complicidades que van a ser determinantes para el buen desarrollo del nuevo proyecto. El nuevo líder político posee de entrada legitimidad política, pero debe también adquirir la legitimidad organizativa —como auténtico líder— que no viene dada, sino que hay que trabajarla y mantenerla desde el primer hasta el último día durante su mandato.

CONTRATOS PÚBLICOS Y CORRUPCIÓN

Para un especialista en instituciones y gestión pública no es nada grato abordar el tema de la corrupción. El estudio del fenómeno de la corrupción es muy complejo, ya que se trata de una madeja en la que es muy difícil poner orden a los distintos hilos y realizar análisis causales. Pero una buena forma de acometer este problema es enfocarse en el análisis de las contrataciones públicas. Los contratos públicos, de naturaleza muy diversa, es el ámbito en el que se manifiestan de manera más clara los actores y las dinámicas corruptas. Es la zona más delicada y permeable a la corrupción incluso en aquellos países con instituciones y sociedades escasamente corruptas. La contratación pública es un complejo sistema jurídico y de gestión en el que se encuentran distintis estamentos susceptibles de degenerar en prácticas corruptas: los cargos políticos (que llevan la pesada mochila de buscar financiación heterodoxa para sus respectivos partidos políticos, que es un lastre que puede tener efectos multiplicadores para favorecer ilícitas pulsiones de lucro personal), cargos administrativos directivos y especialistas en contratación que están especialmente expuestos a los cantos de sirena de las ingentes sumas de dinero que transitan por los expedientes que gestionan (afortunadamente, esta dimensión de la corrupción es casi inexistente en nuestro país) y, finalmente, el tejido empresarial, que puede caer, con estímulos o sin estímulos políticos e institucionales, muy fácilmente en la tendencia de buscar el camino más sencillo y fluido para hacer negocios con la Administración. Es, por tanto, en la contratación pública donde suele escenificarse la corrupción de alta intensidad, que es la más perniciosa para el sistema público, tanto por sus importantes impactos económicos negativos como por su capacidad de metástasis al resto del cuerpo institucional y del ámbito empresarial.

La corrupción política e institucional no surge por arte de magia o de forma aislada, sino que hay un conjunto de variables que contribuyen a este florecimiento. Un primer elemento que hay que tener en cuenta es que nuestra sociedad mediterránea se asienta sobre unas pulsiones históricas de una gran permeabilidad hacia la corrupción. Se suele decir que España no posee unos políticos suecos, ni unas instituciones anglosajonas, ni una educación finlandesa, ya que no somos ni suecos, ni británicos, ni finlandeses, sino del sur de Europa. Somos mediterráneos de origen fenicio y romano, con una cultura cristina instalada en la doble moral, con un Siglo de Oro español preñado de pícaros, pillos y ladrones que han dejado su sello hasta el momento actual. La política y las instituciones no pueden ser un eslabón aislado, sino un reflejo más de la ética y de la moral de una determinada sociedad, del mismo modo que los empresarios, los sindicatos, las instituciones y los medios de comunicación. Procedemos de una historia turbulenta y desgraciada que no ha sido precisamente un caldo de cultivo favorable para la calidad de nuestras instituciones públicas. Hemos diseñado un tejido institucional muy débil de forma rápida, desordenada y preocupados por otras urgencias y problemas mayores, como la defensa de los valores democráticos y la construcción de un modelo de Estado del bienestar. Una agenda política y social tan densa no ha dejado mucho espacio para interesarse por la calidad de nuestras instituciones políticas básicas y por nuestras administraciones públicas y no hemos sido capaces de edificar diques institucionales que frenen la corrupción política, empresarial y social. El concepto de contrapesos institucionales (los denominados *checks and balances*) y el perfilar sutiles sistemas de control es algo que ha permanecido inexplorado por falta de tradición, de prioridad y de voluntad. Los precarios anclajes sociales, institucionales y de mercado no han podido frenar un asilvestramiento y una relajación ética de los partidos políticos, de los políticos y de las empresas contratistas con la

Administración pública. Y de esta forma se ha ido generando un nudo de variables que han favorecido un escenario en el que la corrupción se ha instalado como una pieza esencial del paisaje institucional, político y empresarial de nuestro país.

Otro elemento que hay que tener en cuenta es que durante las últimas décadas se ha producido una transformación conceptual que ha fomentado que han reverdecido con gran intensidad las viejas dinámicas clientelares y corruptas. Nuestras administraciones han ido rechazando, de forma progresiva, el modelo burocrático clásico de la mano de la denominada "nueva gestión pública" y han ido generando como modelo alternativo un modelo gerencial de carácter eficientista. La motivación objetiva para esta migración de modelos es indiscutible: la exigencia de prestar servicios públicos de calidad a los ciudadanos y el modelo burocrático es rígido, fordista e imperfecto. La prestación de servicios de forma económica, eficaz y eficiente requiere de un nuevo modelo más flexible, contingente y con un cierto aroma empresarial (gerencial). No tiene nada de negativo intentar diseñar un modelo mixto o híbrido que combine el sistema de garantías institucionales y jurídicas propias de un modelo burocrático con arquitecturas organizativas y roles profesionales más orientados a la gestión eficaz y eficiente de los servicios públicos. El resultado final tiene dos caras: una positiva y otra negativa. En la vertiente positiva, hay que destacar que estas administraciones han logrado prestar servicios públicos de bastante calidad con unos costes muy razonables. Es el gran éxito de las administraciones públicas de España durante los últimos 30 años. Pero la vertiente negativa es que este modelo mestizo de carácter burocrático-gerencial ha socavado algunos de los principios básicos insoslayables del modelo burocrático y dado entrada al modelo más pérfido posible: un modelo clientelar muy permeable a la corrupción. Precisamente, es en la contratación pública donde se manifiesta con mayor intensidad esta esquizofrenia institucional: una tensión, por una parte, entre la necesidad de garantías y seguridad jurídica de corte burocrático, pero que en exceso asfixia a la Administración y no le permite ser rápida, eficaz y eficiente. Por otra parte, la imperiosa necesidad de que la gestión en la contratación pública sea rápida, eficaz y eficiente (un buen ejemplo han sido las compras públicas para hacer frente a la COVID-19) y, por tanto, requiera una gerencialización que aporte autonomía y flexibilidad. Hasta el momento, esta dicotomía conceptual no la hemos sabido resolver y el resultado ha sido un reverdecimiento de determinadas prácticas corruptas. Hay que trabajar en articular de manera serena y robusta un modelo híbrido entre la burocracia y el gerencialismo que no implique que el que salga como triunfador sea la corrupción y el clientelismo. A mi entender, este es el gran reto. Reto que nunca podremos dar por superado, ya que la naturaleza humana y las pulsiones sociales son siempre endebles, y las dinámicas organizativas y de control institucional, inestables. Por tanto, habría que refinar el sistema de contratación para que sea impermeable a la corrupción, pero evitando ralentizar e incluso paralizar a las administraciones públicas.

¿QUÉ CAMBIOS HAY QUE INTRODUCIR EN LA CULTURA POLÍTICA INSTITUCIONAL PARA MODERNIZAR LA ADMINISTRACIÓN PÚBLICA?

La respuesta acertada a esta pregunta representa uno de los grandes retos de nuestro sistema institucional. Vamos a intentar responderla de manera general, en función de una serie de principios elementales (Ramió y Salvador, 2024):

- Respeto político a la continuidad institucional: los partidos políticos, que han logrado la confianza de los electores para ocupar los gobiernos que dirigen las administraciones públicas, deberían respetar la institucionalidad. Poseen legitimidad política para imponer sus propuestas en políticas y servicios públicos y, también, para implantar sus proyectos de renovación de los apartados administrativos. Todo ello debe hacerse con respeto a las iniciativas impulsadas durante los anteriores mandatos. La idea es "construir sobre" las anteriores iniciativas y nunca "destruir para luego construir", más allá de los eventuales cambios de orientación. Las administraciones públicas deben transitar manteniendo un delicado equilibrio entre la estabilidad y el cambio. Con la estabilidad se logra institucionalidad y con el cambio se alcanza capacidad de adaptación a las nuevas necesidades ciudadanas y, por tanto, legitimación social. Las administraciones y sus profesionales requieren elementos de continuidad y estabilidad en un contexto de cambio ideológico y conceptual totalmente legítimo. Hay que ir aboliendo comportamientos frívolos y soberbios vinculados al comentario tan usual: "Ahora sí que lo haremos bien" (Rodríguez y Sánchez, 2024). Es una sentencia que parece anodina, pero que es totalmente perversa, ya que refleja de manera frívola el desprecio por la labor política realizada por los anteriores equipos y, de manera muy significativa, un ultraje a los directivos y empleados públicos que ven desbaratado todo su trabajo anterior en un segundo. La primera vez que oyen este veredicto se traumatizan y deprimen, pero, a partir de la segunda ocasión, ya es motivo de chanza y se genera un desprecio inmediato hacia el nuevo cargo político que inaugura su entrada en la Administración de manera desafortunada. Consideramos que la gran mayoría de los nuevos cargos políticos tienen claro lo que quieren aportar, pero desconocen, en gran medida, cómo hacerlo. También es natural que desconozcan los buenos proyectos implementados hasta el momento por la organización, y sus fortalezas y debilidades. Por tanto, cuando uno accede a un cargo político debe hacer un esfuerzo por aprender escuchando con elegancia a la organización encarnada por sus empleados más significativos. Humildad y respeto institucional son fortalezas y no debilidades para iniciar un nuevo proyecto político. De esta forma, se logran complicidades que van a ser determinantes para el buen desarrollo del nuevo proyecto. El nuevo líder político posee, de entrada, legitimidad política, pero debe también adquirir la legitimidad organizativa —como auténtico líder— que no viene dada, sino que hay que trabajarla y mantenerla desde el primero hasta el último día durante su mandato.

- Más política y menos gestión: el punto anterior no intenta minimizar la acción política en la Administración pública, sino justo lo contrario, potenciarla al máximo. La dirección política representa el ingrediente esencial del poder, la capacidad de influencia y renovación de las políticas y servicios de las administraciones. El entorno turbulento exige más capacidad política: mayor visión y estrategia política, incrementar las actividades de negociación entre las distintas fuerzas y sensibilidades políticas y sociales para llegar a pactos y consensos políticos y sociales, etc. Las nuevas crisis que se esperan vinculadas al cambio climático, las dificultades medioambientales, las inevitables externalidades negativas laborales y sociales relacionadas con la revolución 4.0, etc., tienen aparentemente un carácter técnico o especializado, pero por su impacto social son esencialmente crisis políticas que hay que solventarlas desde la política. Como la agenda política va a ser muy densa y compleja durante los próximos años, es esencial que la dirección política deje de enredarse e inmiscuirse en el ámbito de la gestión pública, que es una gran fuente de distracción. Por otra parte, el nuevo entorno turbulento también va a exigir mayores capacidades y solvencia de carácter técnico a nivel de gestión y para ello es importante y urgente fortalecer la meritocracia en el espacio directivo y su estabilidad institucional y liberarlo de la actual contaminación política que implican, directa e indirectamente, desprofesionalización y discontinuidad institucional. En definitiva, hace falta reforzar la política en su sentido más básico y liberarla de las tareas de gestión para, en paralelo, fortalecer técnicamente la gestión.

- Una cultura institucional con mayor valentía política pero más robusta: durante los últimos años están dominando dos tipos extremos de cultura institucional vinculada al liderazgo político en las administraciones públicas: por una parte, una cultura institucional, ejercida por distintos líderes, que asume la nueva complejidad con una actitud muy conservadora que coquetea con la inacción: líderes políticos gregarios y lacios que asumen los nuevos retos de manera casi burocrática y maquinal. La expresión "los problemas se resuelven solos" sería la máxima expresión de esta cultura institucional política que considera que la gran complejidad de los nuevos retos aconseja no actuar o actuar de manera muy moderada con la esperanza que las sucesivas e imprevistas crisis se anulen y equilibren entre ellas. Se trata de una cultura institucional que parece un disparate, pero que posee una cierta base lógica y, en ocasiones, incluso puede resultar acertada. La calma y la pasividad como valor esencial para absorber las turbulencias y, con ello, aportar moderadamente alguna racionalidad en el sistema. Pero es evidente que a medio y largo plazo esta dinámica política es totalmente incapaz de superar los retos más importantes. Por otra parte, existe la cultura institucional contraria, que consiste en entrar sin complejos en la dinámica de dar respuesta inmediata a todos los nuevos desafíos que se presentan y, si se considera necesario, definir respuestas políticas inéditas, creativas y disruptivas. Se trata de una cultura política contingente, transformadora y en sintonía con el entorno turbulento. Pero esta dinámica política no puede evitar caer en externalidades negativas graves e incluso en contradicciones: las respuestas suelen ser poco reflexivas y, por tanto, muchas veces equivocadas o muy poco refinadas, las nuevas actuaciones pueden anular la capacidad de influencia de las anteriores (interferencias negativas entre políticas y servicios públicos) y puede también generar desconcierto social y una total confusión en unas organizaciones públicas que se pueden revelar incapaces de dar una respuesta a las nuevas soluciones políticas. En este sentido, hay una evidente falta de sintonía entre el impacto esperado de las decisiones políticas con el impacto efectivo de estas por la falta de fluidez administrativa (un ejemplo, durante la crisis y poscrisis de la COVID-19, serían las sucesivas ayudas públicas que no llegaron en la práctica a sus potenciales destinatarios). Es cierto que ambas culturas políticas son aparentemente extremas, pero no son ajenas a la realidad, ya que en la política nacional del país hemos convivido con ellas de manera sucesiva durante los últimos años. Por tanto, la nueva cultura política debería ocupar un espacio intermedio entre las dos, aunque más próxima a la segunda que a la primera. La pasividad y el conservadurismo político extremo no es una opción posible a partir de ahora (tampoco lo era en momentos de mayor estabilidad, crecimiento y dinámicas incrementales, pero entonces no generaba una excesiva alarma), ya que su capacidad de resiliencia es igual a cero. Por tanto, la política que debe dominar a partir de ahora es la dinámica, creativa y con mayor diálogo político y con los actores socioeconómicos, que conecte el nuevo modelo de relación con el entorno que plantea la gobernanza robusta (Ramió y Salvador, 2024). Incrementar las capacidades deliberativas a una cultura política dinámica y contingente puede otorgarle una mayor capacidad reflexiva y una mayor solvencia técnica. Una nueva política valiente, pero también una nueva política más cautelosa, más basada en el conocimiento (en datos y evidencias empíricas que potencian los sistemas de gestión de la información y de la evaluación de políticas y servicios) y en la transacción y búsqueda de consensos políticos y sociales, que conecte con las capacidades analíticas de la gobernanza robusta. Por otra parte, la nueva cultura política debe abrazar una mayor implicación y valentía en diagnosticar la realidad administrativa y de gestión e impulsar estrategias de transformación y renovación de los mecanismos organizativos de las administraciones públicas, lo que fortalece la capacidad de gestión y transformación organizativa que plantea la gobernanza robusta. Se trata de unas decisiones y acciones con nulo atractivo político, con una gran dificultad técnica, que exigen un desgaste y una implicación política para superar los agentes capturadores del sistema público, pero que, a su vez, son decisiones totalmente imprescindibles para conciliar las nuevas políticas y servicios públicos que requieren de un nuevo modelo organizativo y de gestión. En esta dimensión es necesario un mayor coraje político acompañado de una inédita generosidad política hacia y para las instituciones públicas. Una política dinámica y contingente requiere un modelo organizativo también flexible y en constante transformación.

CAPÍTULO 4

UN MODELO DE GESTIÓN DE PERSONAL AL BORDE DEL COLAPSO

EL SALVAJE ENVEJECIMIENTO DE LOS EMPLEADOS PÚBLICOS EN ESPAÑA

Hay un elemento que predomina sobre el resto con relación a la gestión de recursos humanos y es el espectacular envejecimiento de los empleados públicos en España que reclama la planificación urgente de un relevo intergeneracional. Desgraciadamente, en este ámbito existe también el habitual baile de cifras que adolece nuestro sistema público. Revisando distintas fuentes, puede llegarse a la conclusión de que hay tres datos ciertos: 1) en los próximos diez años se va a jubilar, aproximadamente, el 50% de los empleados públicos; 2) en los próximos siete años se jubilarán cerca de un millón de empleados públicos; 3) la Administración española está muy envejecida y la presencia de jóvenes es residual: solo el 7,5% de los empleados públicos tienen 30 años o menos. La situación de la pirámide demográfica administrativa en España es tan catastrófica que ha puesto en estado de alerta a la OCDE.

Se puede afirmar, sin ningún género de dudas, que actualmente nuestras administraciones no están preparadas para acometer este impresionante relevo intergeneracional, tanto por falta de planificación como por su incapacidad de renovar sus sistemas de selección, que oscilan entre una lentitud desesperante (las oposiciones ortodoxas de carácter memorístico) y una frívola heterodoxia mediante el recurso de los interinos que no asegura la excelencia y que es permeable a lógicas de carácter clientelar o endogámicas. El envejecimiento de los empleados públicos ya genera y va a generar unos impactos negativos en la gestión pública a corto, medio y largo plazo:

- En la actualidad, el impacto del envejecimiento de los empleados públicos ya está poniendo en riesgo la calidad de la gestión pública. Una Administración en la que el grueso de sus empleados son *seniors* sufre inevitablemente varios impactos negativos. El personal *senior* suele estar más desgastado y desmotivado, manifiesta dificultades para reciclarse y no solo en materia tecnológica; acumula más días de asuntos propios o de asueto, es más proclive a tener enfermedades que originen bajas, etc. Obvio que hay notables excepciones, pero no se pueden negar estas tendencias totalmente naturales. El deterioro anímico de los empleados públicos es inevitable con el transcurso del tiempo en el que han experimentado todo tipo agresiones políticas y organizativas durante unas décadas en que las transformaciones han sido profundas y exigentes y en un momento en el que se vislumbran cambios todavía más disruptivos. Es humano que en los últimos años de la vida laboral muchos tiren la toalla y se refugien en los derechos y privilegios propios del empleo público.
- A corto plazo, esta tendencia va a ir incrementándose exponencialmente y la calidad en la prestación de los servicios públicos se va a deteriorar de una manera insoportable para los ciudadanos. Además, por la falta de planificación y de modernización de los sistemas de selección se van a producir dos disfunciones: 1) va a ser difícil remplazar en tiempo y forma a los empleados públicos que se vayan jubilando y el déficit de personal

va a ser cada año más agudo; 2) las inercias administrativas y las capturas sindicales van a provocar que se convoquen plazas para puestos totalmente obsoletos para una Administración moderna. Se va a incrementar la distancia entre los perfiles profesionales que hay con los que se deberían tener. La consecuencia de estos dos vectores puede generar un tremendo colapso de las políticas y de los servicios públicos: falta de médicos, personal de enfermería, de docentes, de policías, etc. El prestigio de la función pública se va a deteriorar de manera severa en un momento en el que hace falta reclutar un talento joven que va a observar con recelo una Administración a la que va a visualizar como obsoleta e insolvente. El talento busca instituciones excelentes para laborar y las que se perciben como deficientes solo son capaces de atraer a la juventud más conservadora y lacia.

- A medio plazo, las dos tendencias anteriores van a agravarse (lamentablemente se trata de un proceso acumulativo) y el colapso administrativo va a ser de tal calibre que solo van a quedar dos opciones, no excluyentes, para sobrevivir: 1) se van a reclutar nuevos empleados públicos sin ningún filtro meritocrático, que va a profundizar en la mediocridad de la función pública; 2) los operadores privados van a ofrecer servicios alternativos a los públicos de manera apresurada y, por tanto, con muy baja calidad. Solo la parte pudiente de la sociedad va a poder recibir estos servicios, aunque sean precarios, y los ciudadanos vulnerables van a quedar a la intemperie. Este proceso de relevo de los servicios públicos hacia los privados ya se está produciendo en el ámbito educativo, de educación superior, y sanitario. Ahondar en este proceso representaría renunciar al Estado del bienestar y optar por un modelo neoliberal en la prestación de los servicios básicos. Hay que tener en cuenta que estos servicios en manos privadas tienden al monopolio y a la concentración de la oferta y los precios de acceso de estos servicios tienden a elevarse de manera exponencial. En este sentido, la provisión de servicios públicos modera el precio de los privados. Por ejemplo, ahora, en España, la clase social más pudiente que recurre a un buen seguro privado paga 500 euros mensuales y la matrícula en una universidad privada suele ser de 1.000 euros mensuales. En Estados Unidos, un seguro privado robusto tiene un coste de 2.000 euros al mes, y una matrícula universitaria, 3.000 euros. Sería una frivolidad inaudita dinamitar nuestro modelo de bienestar por una pésima planificación del relevo intergeneracional.

- A largo plazo, la Administración pública puede llegar a ser un actor residual por su impotencia, y el Estado de bienestar europeo, inexistente en la práctica.

A todo ello hay que añadir el problema de la pérdida de conocimiento vinculado al proceso de relevo intergeneracional. El personal que se está jubilando ya o que va a entrar en la clase pasiva durante los próximos años acumula un conocimiento experto enorme derivado de los años de desarrollo profesional y de un absoluto dominio de las reglas formales e informales, ya que estas generaciones fundaron de la nada o modernizaron las actuales administraciones públicas. Se trata de un conocimiento muy difícil de transferir, pues se manifiesta de manera intuitiva (los empleados que atesoran este conocimiento no son conscientes de este y no lo saben verbalizar de manera articulada). Curiosamente, buena parte de las administraciones están implantando planes de retención del conocimiento que ya se pueden vaticinar, en términos generales, como sonoros fracasos. Genera impotencia que la Administración esté más preocupada por el pasado y el presente y se despreocupe totalmente por el futuro inmediato, puesto que las administraciones no se están planteando de forma seria la modernización de los procesos de selección. Sin esta ineludible transformación se va a intentar transferir un conocimiento sin que existan receptores para obtenerlo o, mejor, receptores de calidad para poder integrarlo.

JERARQUÍA DE LAS NECESIDADES DE LOS EMPLEADOS PÚBLICOS

Vamos a apelar a la famosa (y manoseada hasta la extorsión) jerarquía de las necesidades de Maslow. Un marco conceptual que ha generado decenas de miles de artículos científicos, aunque nadie ha sido capaz de demostrar que empíricamente exista este despliegue jerárquico en la realidad. En todo caso, es una teoría que apela, ciertamente, al sentido común. La denominada pirámide de Maslow (1943) es una teoría psicológica focalizada en las motivaciones de los seres humanos y que condiciona nuestros parámetros de comportamiento. Maslow consideraba que las acciones de las personas nacen de la motivación orientada a lograr determinados objetivos. Es decir, Maslow proponía una teoría según la cual existe una jerarquía de las necesidades humanas, y defendía que, conforme se satisfacen las necesidades más básicas, los seres humanos desarrollamos necesidades y deseos más elevados. A partir de esta jerarquización se establece lo que se conoce como "pirámide de Maslow". Esta se articula sobre cinco necesidades humanas siguiendo una lógica que transita de la base hasta la cúpula de la pirámide y establece cinco categorías: 1) necesidad fisiológica, 2) de seguridad, 3) de afiliación o afectiva, 4) de reconocimiento social, 5) de autorrealización.

Al adaptar este itinerario en términos más contemporáneos puede establecerse el siguiente desarrollo:

1. Insertarse en el mercado laboral: como paso necesario para cubrir las necesidades humanas básicas.
2. Lograr estabilidad laboral: alcanzar la seguridad.
3. Sentirse cómodo a nivel personal y social: conseguir la felicidad personal.
4. Obtener en cierto reconocimiento social: lograr una posición social confortable.
5. Autorrealización profesional y personal: que representa la máxima aspiración humana.

Nuestro objetivo es realizar un análisis en la dimensión laboral y profesional, aunque es obvio que la situación personal, familiar y social extralaboral incide de manera evidente sobre la sensación de logro de estos objetivos.

En primer lugar, entrar en el mercado laboral en España nunca ha sido una tarea fácil, ni ahora ni durante las últimas cuatro décadas. No ha sido una excepción a esta tendencia el acceso al empleo público, con la particularidad de que durante la década de los ochenta las ofertas de empleo público incrementaron de una manera muy notable, a raíz del proceso de descentralización autonómico y la expansión y profundización del estado de bienestar. El mecanismo convencional para entrar en el mercado público es mediante las oposiciones meritocráticas de carácter memorístico, donde, invirtiendo un significativo y enorme esfuerzo previo, los que logran superar la prueba alcanzaban no solo satisfacer sus necesidades más básicas, sino también atesorar la seguridad de por vida en materia de empleo. En un mercado de trabajo cada vez más precario e incierto no es un incentivo menor alcanzar de una sola vez la incorporación el mundo laboral con un trabajo bien retribuido, en términos comparados, y totalmente estable. Lograr estos objetivos de manera tan súbita, a pesar de los ingentes esfuerzos previos, genera automáticamente una gran presión para conseguir los siguientes objetivos profesionales de la pirámide.

En todo caso, hay que resaltar que no todos los empleados públicos han accedido durante las tres últimas décadas al empleo público de manera convencional por la vía de la oposición. El acceso a puestos laborales y de interinos han seguido mecanismos muy distintos, e incluso heterodoxos, desde los que, sin apenas esfuerzo, han alcanzado un empleo estable y seguro, de carácter vitalicio (caso de algunos laborales), hasta los que han tenido que esperar muchos años, incluso décadas, para lograr la ansiada estabilidad (una buena parte de los interinos). Se trata de unos disfuncionales sistemas de acceso a nivel motivacional, sea por defecto o por exceso, ya que algunos no pueden calibrar el valor de un puesto blindado de por vida, y a otros les ha costado tanto, con escasa justificación institucional, que pueden sentirse agraviados eternamente por este supuesto maltrato.

En este punto es necesario reflexionar qué implica conceptualmente la estabilidad en la Administración pública. En un mundo ideal, todos los empleados deberían gozar de estabilidad en el empleo, pero, en el plano real, observamos que esta condición es cada vez más extraordinaria. En el sector privado, no existe a nivel material estabilidad en ningún caso, con independencia del tipo de contrato. En un contexto tan cambiante e incluso turbulento, saber qué va a suceder con el desempeño profesional de uno es una incógnita año a año. En cambio, en la Administración pública, la estabilidad suele considerarse como un elemento inherente al sistema e, incluso, un valor público. Pero en este punto hay que plantearse: ¿la estabilidad en el empleo público es un derecho o un instrumento institucional? La mayoría de los empleados públicos consideran que es un derecho, pero al respecto discrepamos y partimos de la consideración de que es un instrumento que asegura neutralidad política y profesionalidad en el empleo público, puesto que evita posibles discrecionalidades arbitrarias políticas. Además, de manera estructural, el empleo público no suele tener una dependencia causal directa con los vaivenes de los ciclos económicos. La prestación de la mayoría de los servicios públicos posee un carácter atemporal y, por tanto, el empleo público, también. El problema surge cuando existe el absoluto convencimiento personal y corporativo de que un empleado público jamás será apartado de la Administración pública, incluso en los casos excepcionales de una pésima aportación profesional. Es entonces cuando la estabilidad se convierte en un privilegio y, paradójicamente, en una fuente de potencial desmotivación. Al no estar jamás en duda la continuidad profesional de los empleados públicos, hasta el día de su jubilación se genera un efecto psicológico adverso: la estabilidad y seguridad laboral pierde totalmente su valor y los anhelos profesionales se concentran en otros ámbitos superiores y de mayor exigencia.

Siguiendo la jerarquía de las necesidades, una vez cubiertos los dos primeros escalones, la ambición de los empleados públicos consiste en lograr los dos superiores y en paralelo: el bienestar personal y el reconocimiento social. Con estos dos escalones la situación se complica. El bienestar personal —en la dimensión personal— se alcanza con suma facilidad, ya que las condiciones laborales de los empleados públicos son muy beneméritas: facilidad para conciliar la vida profesional con la personal, familiar, de progreso académico, etc. Por tanto, esta necesidad se alcanza de manera automática sin tener que demostrar ningún mérito especial y ni la más mínima antigüedad. Todos los empleados públicos que provienen del sector privado se quedan gratamente sorprendidos por este amplio portafolio de beneficios de los profesionales del sector público que los consideran como privilegios (en el actual contexto laboral no hay ninguna duda de que lo son). Pero, lamentablemente, esta necesidad es colmada rápida y generosamente por la Administración pública, que queda inhabilitada con suma velocidad como ingrediente de motivación. Entonces es cuando los empleados públicos se fijan como objetivo lograr el reconocimiento social. Este peldaño es mucho más complejo y depende de variables muy difíciles de ser canalizadas por el propio empleado público e incluso por las instituciones públicas. La imagen social de los empleados públicos es arbitraria y muy difícil de transformar: desde una parte de la sociedad, que considera, de forma mundana, a los empleados públicos como parásitos, hasta la sabedora de sus espléndidas condiciones laborales que los observa con envidia que puede degenerar en animadversión. Pasando por los empleados públicos especializados a los que la sociedad no los considera como tales, ya que prevalece su imagen social como profesionales técnicos (sea esta buena, mala o regular). Es el caso de docentes, personal sanitario en sus diversos estratos, policías, miembros de las fuerzas armadas, bomberos, etc. Generalizando, la imagen social de los empleados públicos no es claramente positiva, sino, en función de los casos, algo positiva, neutra o negativa. Por esta vía es difícil lograr un gran reconocimiento social, salvo colectivos como los de los bomberos y, en determinados circuitos sociales, los policías y los militares. Pero el reconocimiento social también se alimenta a nivel interno mediante la consideración en el marco del propio entorno laboral. En principio, cuanto más relevante sea la posición en la jerarquía de un empleado público, este se sentirá mejor reconocido corporativamente. Se trata, por tanto, de un cuello de botella insuperable, puesto que subir en el escalafón jerárquico es, por su propia naturaleza, difícil y con *numerus clausus*. La mayoría de los empleados públicos se quedan al margen de satisfacer esta necesidad, y mucho más en un sistema que no posee incentivos sutiles, como, por ejemplo, una carrera profesional de carácter horizontal. La frustración general en este punto suele ser bastante aguda y relevante. Aquí es donde se bloquea la pirámide de la motivación en la Administración pública (y también en la gran mayoría de empresas privadas). Ante esta situación, la etnografía profesional de cada empleado público puede trazar distintos itinerarios:

- Comprender que el sistema público es especialmente complejo y que posee como defecto algunos déficits en el reconocimiento profesional y que estas carencias son también habituales en el sector privado. Pero, como buen profesional con valores públicos, esta situación no implica un bloqueo psicológico que genera una perenne desmotivación, sino que busca autorrecompensarse saltando hacia el estadio superior y máximo, representado por la autorrealización. ¿Puede un empleado autorrealizarse si antes no se siente reconocido? La respuesta es que sí y, afortunadamente, hay una parte significativa que traza este camino de autoconvencimiento por lo que, gracias a ello, la Administración logra sobrevivir.
- Situarse en una permanente insatisfacción laboral que le impida materializar cualquier posibilidad de sentirse

autorrealizado y concentrar sus anhelos en maximizar hasta la extorsión el escalón anterior, que es el del confort personal y social, que posee una elasticidad casi infinita en el sector público. Esta tipología de empleados públicos, desgraciadamente, representa la mayoritaria.

- Aquellos que alcanzan posiciones jerárquicas relevantes y, con ello, reconocimiento social interno o externo, pero que no es suficiente para encaminarse hacia la autorrealización. La autorrealización es un logro difícil que no solo depende de los canales institucionales, complicados en casi todas las organizaciones, sino de actitudes y aptitudes de carácter personal y profesional que no están al alcance de todas las personas. Este colectivo se apunta con pasión a los anhelos del grupo anterior, aunque de manera injustificada. Una versión propia de "los ricos también lloran" en el ámbito público.

El problema puede degenerar en una disfunción organizativa casi insuperable con los dos últimos grupos. Estamos haciendo referencia a profesionales que gozan de una absoluta estabilidad y seguridad laboral, la mayoría dignamente retribuidos a nivel económico y que disfrutan de unos derechos laborales que fuera de su contexto son considerados como privilegios en mayúscula. Y resulta que estos profesionales están, paradójicamente, continuamente instalados en la cultura de la queja, del lamento, de la insatisfacción, de sentirse falsamente agraviados y de encontrarse en un estado estructural de elevada crispación. Es decir: profesionales totalmente desmotivamos que se significan por: a) les cuesta actuar con profesionalidad y siempre son demandantes de motivación extrínseca de sus superiores o de la institución y que, por tanto, laboran de manera lacia, forzada y desanimada; b) encontrarse en permanente estado de alerta para incrementar sus ya amplias y cómodas condiciones laborales exigiendo nuevos derechos y extorsionando al máximo los derechos adquiridos. En este contexto de estado de ánimo colectivo, las dinámicas son totalmente perversas, como, por ejemplo:

- Exigir más y más derechos/privilegios: más días de asuntos propios, más horas recuperables, mayor flexibilidad horaria...
- Manipular la organización del trabajo solo buscando su confort personal. Un buen ejemplo de ello es la utilización perversa del teletrabajo. No hay duda de que el trabajo híbrido (combinación de trabajo presencial y a distancia) ha llegado para quedarse. Pero el teletrabajo se impuso de manera rápida y poco reflexiva a partir de la pandemia y se ha canalizado de manera espontánea como un derecho laboral y corporativo y no como una estrategia institucional orientada a mejorar el rendimiento. El actual uso del teletrabajo en las administraciones públicas no puede ser más irregular, salvo excepciones, ya que opera en la práctica mediante impulsos vinculados únicamente a incrementar el confort laboral y personal. Es desgarrador observar oficinas públicas semivacías los lunes y viernes de cada semana, días que, por cierto, suelen ser de elevada demanda y presión ciudadana. Si resulta que en una determinada semana los lunes o viernes son festivos, se cambian sin ningún rubor los días de teletrabajo a la franja media de la semana, Cuando se exige que, al menos, un día a la semana estén todos los empleados públicos para socializar y establecer directrices, no es raro que algunos empleados no acudan, ya que optan por hacer teletrabajo con el argumento de que les tienen que arreglar alguna avería en casa. Tampoco es excepcional que los teletrabajadores están presentes en las reuniones virtuales con las cámaras apagadas o que no respondan los mensajes de la organización. En muy poco tiempo la cultura administrativa ha desvirtuado buena parte de las ventajas inherentes al teletrabajo. Existe la sensación de que, desde el desmesurado largo confinamiento de los empleados públicos en sus domicilios, muchos de ellos no han vuelto (algunos en cuerpo y muchos en mente). No son

una excepción los empleados públicos que durante el confinamiento, y vista la inminencia de la implantación del trabajo híbrido, hayan migrado de las ciudades donde estaban sus dependencias públicas hacia pueblos más confortables y asequibles. Esta dinámica es sensata, pues, si uno solo tiene que acudir dos o tres días a la semana, es una buena opción sacrificarse en desplazamientos estos días para complacerse con mayor comodidad el resto. Pero, en la práctica, los días de trabajo presencial se tornan tortuosos y sacrificados y se adoptan todo tipo de estrategias propias de la reingeniería laboral para no tener que desplazarse durante estas jornadas: desde enfermedades esporádicas poco claras, hasta elegir siempre estos días presenciales como días de asuntos propios. Lo alarmante es que los ciudadanos están cada vez más desatendidos por una Administración que está ausente, puesto que se encuentra en estado estructural de hibernación.

VACACIONES Y ASUNTOS PROPIOS EN LA FUNCIÓN PÚBLICA

Escribir un texto sobre las vacaciones y los asuntos propios en los empleados públicos de las administraciones públicas es un tema proceloso y polémico. Los inefables *moscosos* y *canosos* forman parte de una de las particularidades más extrañas, e incluso esperpénticas, que es muy difícil de justificar ante los ciudadanos, que son los que financian estas ocurrencias vinculadas, casi en exclusiva, al sector público.

No creo que nadie pueda estar en contra del costoso desarrollo histórico en reconocer derechos a los trabajadores. Se trata de conquistas sociales y laborales inapelables. Lo mismo podría decirse con la conquista de derechos en la función pública, que podría interpretarse como una avanzadilla para que estos nuevos derechos se vayan incorporando a la práctica laboral privada. En este sentido, los días de asuntos propios de los que gozan los empleados públicos podrían interpretarse como un nuevo derecho que, con el tiempo, se va a generalizar. Pero llevamos casi cuarenta años con días de asuntos propios en la función pública y el sector privado ha sido impermeable a esta novedad. El resultado es que ahora hay una asimetría evidente de derechos entre el mundo laboral público y el mundo laboral privado, que es cada vez más difícil de justificar cuando conceptualmente unos (los privados) financian los días de asueto de otros (los empleados públicos). Otro elemento que enreda este debate es que los días de asuntos propios han sido utilizado por las instituciones públicas como una forma de retribución indirecta: ante las recurrentes pérdidas de poder adquisitivo de los empleados públicos y la imposibilidad de incrementar las retribuciones, se ha optado por la vía de retribuir a los empleados públicos con más días de asueto. No hay duda de que esto ha sido así y, en mi opinión, ha sido una pésima práctica institucional que *de facto* desprofesionaliza a los empleados públicos, ya que se frivoliza en su dedicación en el trabajo dando entender que no es relevante que trabajen menos días. En todo caso, hay que hacer algunas observaciones con relación a la convicción generalizada de que las retribuciones de los empleados públicos son bajas y que llevan mucho tiempo congeladas. Por una parte, los empleados públicos menos cualificados (grupos C1, C2 y agrupaciones profesionales) tienen unas retribuciones muchísimo más elevadas que sus equivalentes en el mercado laboral privado. No se trata de un grupo marginal, ya que agrupa aproximadamente el 38% de la totalidad del empleo público. Mucho más complejo es analizar las retribuciones del personal más cualificado, al que se le exige, para su acceso, titulación universitaria (grupos A1 y A2): en estos casos, es cierto que las retribuciones básicas establecidas por el Estado son bastante austeras, pero la mayoría de los empleados públicos del país, más del 80%, laboran en las administraciones territoriales (autonómicas, locales y universidades). El personal que trabaja en algunas comunidades autónomas disfruta de unos generosos complementos que dignifican la escala salarial. Muchos ayuntamientos toman de referencia las tablas retributivas de las administraciones autonómicas y no las de la Administración General del Estado. Por tanto, la premisa general de que todos los empleados públicos están pésimamente retribuidos, y que, por tanto, deben ser compensados con otros incentivos, es imprecisa y falsa en un amplio porcentaje de los empleados públicos.

Quizás sea exagerado dedicar una reflexión sobre los días de asuntos propios cuando hablamos solo de seis días al año (desde 2021 son siete). Pero seis días para 3,5 millones de empleados públicos no es un tema menor, ya que el total es de 21 millones de días de asueto que acumula la función pública del país. Pero el tema se complica con las primas en vacaciones y asuntos propios vinculados a la antigüedad del empleado (canosos). Pongamos por caso un empleado público con 30 años de antigüedad, que, dado el envejecimiento de los empleados públicos, se trata de uno de los colectivos con mayor presencia en nuestras administraciones públicas, años arriba o abajo. Con esta antigüedad corresponden cuatro días extra de vacaciones y 12 días de asuntos propios. Total: 16 días adicionales que, bien administrados, suponen algo más de tres semanas extra de vacaciones. Por tanto, este tema es un asunto de máxima trascendencia para la organización interna de la Administración y para su función de prestar servicios públicos a la ciudadanía. A todo ello hay que sumar las innumerables extravagancias mediadas por pactos sindicales que llegan a ser escandalosos. Por ejemplo, el Ayuntamiento de Barcelona, que es una Administración robusta y moderna, ha firmado un convenio en el que facilita que los días de asuntos propios no utilizados cada año puedan guardarse para jubilarse anticipadamente. Pero lo curioso es que, graciosamente, por cada día guardado cada año, el ayuntamiento lo dobla con vistas a la jubilación (de esta manera, 16 días anuales se convierten, por arte de magia, en 32) y, además, gratifican con más días para anticipar la jubilación en función de la antigüedad. Eso sí, establecen un tope de dos años para disfrutar de esta jubilación anticipada con el 100% de la retribución. Ejemplos como este hace que la calificación de privilegio se quede corta y llegue a ser, de acuerdo con la RAE, un *privilegio gracioso* ("privilegio que se da o concede sin atención a los méritos del privilegiado, si no solo por gracia, beneficencia o parcialidad del superior").

En principio, los días de asuntos propios deberían tener una justificación de necesidad (es obvio que la gran mayoría de los empleados públicos no necesitan entre 7 y 16 días al año para resolver asuntos ineludibles en horario de trabajo) y, además, deben ser autorizados por los superiores (si se solicitan unos días que distorsionan claramente la organización del trabajo o la atención directa o indirecta a los ciudadanos pueden ser denegados). Pero, en la práctica, lo habitual es que todos estos días adicionales suelen ser considerados como derechos vacacionales de los empleados públicos y el responsable administrativo que tenga la ocurrencia de no autorizarlos es literalmente un sacrílego. Además, hay que tener en cuenta que, con los horarios flexibles que han ido implantando las administraciones públicas y la incorporación del teletrabajo, el concepto de horas (para mí es más comprensible que se soliciten horas para asuntos propios que días o semanas enteras) para dedicar a asuntos propios tiene cada vez menor relevancia.

El impacto de este extraño derecho de los empleados públicos puede ser enorme para la organización del trabajo y para la calidad de los servicios públicos. Aquí tiene mucho que ver la ética de cada empleado público: un servidor público puede optar por solicitar sus días de asuntos propios en momentos de baja actividad en su servicio y tener el privilegio de organizarse unas vacaciones a buen precio y sin aglomeraciones. Gana calidad de vida el empleado público sin verse mermado el servicio público. Pero lo habitual es que no se tomen estas precauciones y que uno solicite estos días cuando le venga en gana, según sus conveniencias personales, y disfrute de unas vacaciones extraordinarias en detrimento de su propio servicio y atención a la ciudadanía. El "efecto mes de diciembre" es un buen ejemplo de estas distorsiones organizativas y laborales. Los empleados públicos que no se organizan bien su agenda durante el año se les acumulan los días de asuntos propios al final y los suelen utilizar el mes de diciembre (en algunos casos, en enero). Diciembre es un mes de alta actividad en la Administración pública, ya que literalmente se acaba el mundo ante la necesidad de cerrar actividades, balances económicos, etc. Un mal mes para trabajar a destajo si los días festivos coinciden con los laborales (puente de la purísima constitución y fiestas navideñas) y si a ello sumamos los *stocks* acumulados de días de asuntos propios, el desbarajuste organizativo es enorme.

Y de ahí surge la pregunta: ¿no habría que reflexionar sobre los días de asuntos propios y días extra vacacionales de los empleados públicos? No parece una solución sensata erradicarlos, pues, como se ha dicho, no deja de ser una compensación para adecentar la retribución de los empleados públicos; pero sí se me ocurren algunas medidas para una regulación equilibrada de estos e incluso de una cierta reducción con el objetivo de que tengan la menor afectación posible en el servicio público. Ejemplos de algunas medidas que podrían implantarse:

- Incorporar la posibilidad de que todos aquellos que deseen renunciar a sus días de asuntos propios y de vacaciones extra puedan ser retribuidos a final de año. Pagar por los días no utilizados es más barato que sufrir las externalidades negativas de carácter organizativo que supone su uso.
- A inicios de año, que cada unidad o servicio programe un calendario laboral con unos periodos (cuando se prevén puntas de trabajo) en los que no se pueden solicitar días de asuntos propios más allá de unas horas para solucionar un problema personal ineludible.

PROCRASTINACIÓN Y ORGANIZACIÓN DEL TRABAJO EN LA ADMINISTRACIÓN

La procrastinación es la acción o hábito de retrasar actividades o situaciones que deben atenderse, sustituyéndolas por otras situaciones más irrelevantes o agradables. Atendiendo a esta definición, podemos entender que aquellas tareas que son más susceptibles de ser postergadas son aquellas que no nos divierten. La procrastinación es una tendencia natural de las personas tanto en su vida personal como en su dimensión laboral. Es estremecedor pensar en la cantidad de parejas sentimentales que se hubieran salvado e hijos que no se hubieran extraviado si no hubiéramos caído en la trampa de la procrastinación. Pero esto es otro tema, ya que en este foro solo procede tratar el impacto de la procrastinación en el ámbito laboral de la Administración pública. Vamos a presentar un conjunto de reflexiones al respecto:

Primero: retrasar las actividades laborales que menos nos seducen es una tendencia natural que suele superarse mediante distintos mecanismos: la autoexigencia y autodisciplina del empleado público, la urgencia objetiva en superar el escollo, la supervisión y presión del responsable administrativo, la presión del colectivo ante unas dinámicas de trabajo de carácter cada vez más colaborativas, etc. Son estas lógicas laborales las que permiten aflorar que la actividad de uno se está convirtiendo en el cuello de botella del proyecto para que se vea forzado a dedicar su tiempo a algo que no le guste por el motivo que sea.

Segundo: ¿la tendencia a la procrastinación es más acusada en el trabajo presencial o en el trabajo a distancia? La respuesta es ambivalente. Por una parte, puede parecer que la presión casi física del trabajo presencial puede favorecer la atención correcta en tiempo y forma de aquellas tareas que nos resultan indeseables. Pero también se puede argumentar que con el trabajo a distancia podemos disfrutar de una calidad ambiental de mayor tranquilidad y sosiego que nos permita afrontar las tareas más ingratas y complejas. Es usual que los trabajadores dejen un espacio semanal para gestionar lo que consideran "marrones" y aprovechen el teletrabajo para solventarlos con fluidez.

Tercero: la procrastinación se convierte en un problema muy grave en la gestión de proyectos públicos complejos en que es necesaria la participación de un equipo que trabaje de manera colaborativa. El trabajo público suele canalizarse, en buena parte, mediante estas dinámicas que las hacen muy vulnerables a que se vean afectadas, en un momento u otro, por algún empleado público que se retrase y rompa la dinámica de trabajo. Esta contingencia ubica al responsable administrativo de este proyecto en una posición de alerta constante que suele generarle mucho estrés. Estas potenciales disfunciones suelen superarse, pero con mucho esfuerzo colectivo y, en especial, directivo.

Cuarto, y más relevante: lo que me preocupa no es tanto la procrastinación, sino la posible respuesta a este reto de manera superficial o epidérmica. Es decir: se asume la tarea ingrata, pero se hace de forma endeble o incluso frívola, sin contemplar el núcleo del problema o de atender la intervención que realmente es necesaria. Se trata de la atávica dinámica de echar balones fuera que no aportan valor añadido, sino valor negativo, ya que alguien tendrá que atender, de nuevo, el fondo del tema, sea otro empleado, el responsable administrativo o, de nuevo, el mismo empleado, pero con un enorme esfuerzo para volver a entregarle el balón no jugado. Este tipo de patológicos comportamientos laborales siempre han existido, pero da la impresión de que han incrementado de una manera significativa durante los últimos años. Muchos pueden ser los motivos y algunos muy profundos y complejos: vivimos unos tiempos de cambio en los que hay una erosión de la autoridad y de la confianza en múltiples dimensiones, de relajación de la responsabilidad, ya que es políticamente correcto comprender todo tipo de problemas y contingencias que puedan afectar a un trabajador, aunque estas sean estrambóticas y poco consistentes, etc. El resultado es que ahora es más fácil que nunca responder al reto de la procrastinación de una manera superficial y formal.

Quinto: habría que analizar si hay alguna relación de causa-efecto entre los grandes cambios en la nueva organización del trabajo de la Administración y esta tendencia a responder al fenómeno de la procrastinación de forma ligera e insustancial. Desde mi punto de vista, las tres grandes novedades son el teletrabajo, el trabajo colaborativo y el imparable envejecimiento de los empleados públicos. ¿Pueden ser estos tres ingredientes los que expliquen este fenómeno? No está claro y dependerá de muchos factores, pero hay algunos elementos que inducen a pensar que sí hay alguna causalidad. El teletrabajo implica que los equipos cada vez tienen menos espacio en el que compartan proximidad física con los compañeros y con el responsable administrativo. En este contexto, es más fácil generar (y más complejo vigilar) las aportaciones insustanciales. La virtualización del trabajo puede difuminar estas malas prácticas laborales. Lo mismo puede decirse, aunque sea una paradoja, del trabajo colaborativo. Es obvio que estas malas prácticas no son la norma, pero pueden empoderar de manera sutil a los empleados más proclives a la procrastinación. Otro tema muy diferente es el vinculado al envejecimiento de los empleados públicos. Cuando un trabajador tiene conciencia de que su vinculación laboral está cerca o en la fase final puede tener la tentación natural de relajarse. Depende de cada perfil personal y profesional, pero puede existir la inercia general en que los *seniors* cada vez se impliquen menos en las dinámicas de trabajo por agotamiento, por carecer de incentivos para reciclarse, por desengaños profesionales, por considerar que no tiene sentido repetir las dinámicas propias de Sísifo (tan proclives en la Administración), por resistencia al cambio profundo que está experimentando la organización del trabajo, por aquella sensación de que a uno le queda poco de permanecer el convento...

Estas negativas tendencias se superan mediante el sobreesfuerzo de los empleados más dinámicos y autoexigentes y gracias a unos responsables administrativos cada vez más estresados que dedican más tiempo a atender el trabajo no resuelto por sus empleados que a ejercer las funciones realmente directivas. Pero, quizás, con este sobreesfuerzo no es suficiente ante la evidencia empírica que durante los años de la pospandemia las administraciones públicas cada vez responden peor, tanto en tiempo como en continente y contenido, a las necesidades de la ciudadanía.

SOBRE LA GRAN RENUNCIA Y EL TRABAJO PASIVO

La pandemia ha tenido el efecto de exponer nuevas dinámicas en el entorno laboral: desde la ineludible necesidad de la Administración digital, el esplendor del teletrabajo hasta fenómenos mucho más sorprendentes, como la denominada *gran renuncia* y el denominado *trabajo pasivo*. Aunque los efectos sociales y laborales vinculados a la pandemia no supusieron una disrupción o revolución, sí que lograron el efecto de ejercer de catalizador que impulsó velocidad a unas tendencias que, hasta el momento, se iban cocinando a fuego lento.

La gran renuncia afecta básicamente a sectores laborales punteros y exitosos vinculados al entorno laboral privado. Profesionales con elevada exigencia laboral, con buen estatus profesional y alto nivel retributivo entran en una lógica de reflexión introspectiva que va más allá del contexto laboral. Profesionales que irrumpen en una dinámica de análisis holístico en el que analizan su existencia mucho más allá del ámbito laboral e introducen en la balanza expectativas personales, su relación con la familia y el ocio e ingresan en una dinámica de cálculo en el que relacionan su bienestar personal con unas excesivas servidumbres laborales. El análisis coste-beneficio no es positivo y deciden renunciar a su trabajo y reinventarse tanto a nivel laboral como personal. El resultado es que abandonan un trabajo supuestamente muy codiciado para embarcarse en un proyecto profesional y personal más modesto pero que resulta mucho más atractivo para poder conciliar de manera más fluida el trabajo, el ocio y la conciliación familiar. No se trata de una dinámica masiva, sino que solo afecta a un reducido número de profesionales con elevadas capacidades y competencias, que pueden reinventarse y que suelen gozar, además, de un apreciable colchón financiero.

Aparentemente, la gran renuncia es una dinámica ajena a la lógica laboral de las administraciones públicas. Discrepo, ya que considero que es un fenómeno bastante generalizado en el ámbito público desde hace tiempo. Por ejemplo, la carencia de dirección pública profesional en España, que implica que los puestos directivos sean de libre designación sujetos, en la práctica, a la arbitrariedad y capricho de los dirigentes políticos, genera que muchos cuadros intermedios propuestos para ocupar una de estas posiciones renuncien a esta opción de ascenso profesional, pues les disgusta la inseguridad jurídica, laboral y el perverso aroma de politización de estas posiciones estratégicas. Otra renuncia de carácter previo típico en nuestras administraciones es la que se produce ante potenciales ascensos profesionales (de técnico superior a ocupar una jefatura, o de una jefatura hacia otra jefatura mayor), ya que muchos funcionarios realizan un análisis coste-beneficio ante esta oportunidad laboral y el resultado es negativo. Es decir, las obligaciones y responsabilidades del nuevo puesto superior no se compensan por el incremento retributivo propuesto. Estas situaciones son habituales en nuestras administraciones públicas y dibujan un panorama institucional desolador en el que muchas veces es difícil lograr que los mejores perfiles profesionales ocupen puestos de responsabilidad. Un insuficiente sistema de incentivos retributivos o la inseguridad laboral en los puestos de libre designación generan un potencial mapa de riesgos que implica que no compense asumir mayores responsabilidades. El problema es de calado y habría que tomar medidas para superarlo.

Otro inconveniente común en el ámbito laboral contemporáneo es el del trabajo pasivo, que implica que los empleados se limitan a las aportaciones mínimas exigidas vinculadas a su puesto de trabajo, pero que renuncian a ir más allá, a ser más estratégicos, más comprometidos, a aportar mayor valor, etc. El trabajo pasivo suele asociarse a personal escasamente motivado, incluso quemado, o a empleados muy cercanos a su fecha de jubilación. En la Administración pública esto es un problema muy grave, ya que el trabajo pasivo en el sector público puede ser extraordinariamente pasivo y de muy escaso valor. El umbral de cumplimiento mínimo en la Administración suele ser mucho más bajo que en otras realidades laborales por sus lógicas uniformadoras, falta de exigencia interna y, en ocasiones, escasos alicientes intrínsecos y extrínsecos.

La primera disfunción debería mejorarse incorporando, de una vez por todas, la dirección pública profesional y optimizar las tablas retributivas de los puestos directivos y de las jefaturas. Mucho más difícil es solventar el problema del trabajo pasivo, ya que implicaría aplicar de manera inédita en la Administración un mayor control sobre el trabajo de los empleados públicos (incrementar el umbral de exigencia mínima) y aplicar, en casos excepcionales, un renovado y realista régimen disciplinario.

MOTIVACIÓN Y COMPROMISO DE LOS EMPLEADOS PÚBLICOS

Llevo décadas reflexionando e impartiendo algunos talleres a directivos sobre técnicas de motivación orientadas a los empleados públicos. Se trata de una actividad difícil en un contexto organizativo en el que impera la homogeneidad, una estabilidad extrema y unas complejidades organizativas que fomentan la desmotivación. Después de tantos años tengo la sensación de que en estos cursos nuestros debates e instrumentos partían de la consideración que las organizaciones públicas son como guarderías y que los empleados públicos son como niños que transitan entre la desorientación y los caprichos.

En este sentido, comparto la reflexión de Xavier Marcet (2021), que considera que algunas empresas tienden tanto a la sobreprotección de sus empleados que parecen guarderías y solo están preocupadas por la motivación de sus empleados. Marcet discrepa y afirma: "Cuando la gente tiene un trabajo, debe venir motivada de casa, sobre todo si es un trabajo que le proporciona una estabilidad y unos ingresos razonables. En el contrato no escrito para tener un trabajo, eso significa poner ganas y presentar un compromiso". Es decir, la motivación intrínseca debería darse por hecha en la Administración pública, atendiendo a sus buenas condiciones laborales, y solo tendría sentido impartir talleres de liderazgo que fomenten la motivación extrínseca. En este sentido, el liderazgo motivador solo debería explorar mecanismos para dar confianza, otorgar mayor autonomía e inspirar profesionalmente a los empleados públicos. Si un líder despliega estrategias de motivación intrínseca puede perder las capacidades anteriores, impulsar perversas estrategias paternalistas y convertirse en un obseso de un control castrador. El líder que asume el rol de director de una guardería pierde sus capacidades inspiradoras y de lograr confianza en su propio equipo. Pero mucho me temo que la Administración pública fomenta más un rol de director de guardería que de un líder inspirador e innovador. No quiero ser injusto: hay que reconocer que la gran mayoría de los empleados públicos vienen motivados de casa como buenos profesionales que son. Pero, más o menos, un 20% de los empleados no responde a este perfil y exige un liderazgo del tipo guardería. Estamos hablando, en un principio, de aquellos malos empleados públicos que consideran que su compromiso y motivación se ha agotado con la dedicación destinada a superar las oposiciones y una vez toman posesión de su puesto de trabajo reclaman que cualquier esfuerzo sea compensado con sistemas de motivación de la institución y de su líder. Se trata de empleados públicos que asumen el rol de jubilados o de voluntarios que solo dejan de ser clase pasiva si reciben estímulos adicionales. Con este colectivo el líder formal se transforma en un dinamizador sociocultural infantil que tiene que hacer todo tipo de malabarismos para atender la voracidad sin límites de unos empleados reactivos y extremadamente susceptibles. Este rol del líder es agotador y aporta escaso valor añadido para poder ser inspirador e innovador. El espectáculo finaliza con la función y no tiene capacidad para trascender ni en tiempo ni conceptualmente. Un día tras otro hay que empezar de cero y reinventar el espectáculo.

Alguien podrá pensar que, si solo un 20% de los empleados públicos posee este perfil tan reactivo, carente de compromiso e infantil, la dificultad está acotada y no es grave. Pero el problema reside en la capacidad de contaminación tóxica de este grupo sobre el grueso de los empleados públicos. La afirmación de Marcet sobre que los buenos trabajadores tienen que salir motivados de casa es difícil de mantener en las instituciones públicas y con la presencia inevitable de este colectivo desmotivado que, con relativa facilidad, puede contagiar al resto.

La vida personal y profesional es dura, ya que tenemos que convivir con inevitables problemas familiares y también con multitud de incoherencias organizativas en nuestro trabajo que son campo abonado para la desmotivación. En la empresa privada estas contingencias no se notan en exceso, pues, a pesar de que uno tenga un trabajo estable y bien retribuido, es sabido que ambos ingredientes no se pueden dar por hechos y hay que luchar por ellos, aunque solo sea para mantenerlos. En este contexto es difícil que un trabajador su deje llevar hacia la desmotivación laboral a pesar de que transite por malos momentos personales, familiares, sociales o laborales. Pero en la Administración pública este ingrediente de compensación y de autoexigencia no existe. El trabajo es estable por definición y se puede laborar con respiración asistida sin problemas. Los malos compañeros demuestran empíricamente que no es necesario esforzarse para automotivarse. No pasa nada porque nunca pasa nada y sería injusto que una actitud gregaria y sin compromiso fuera castigada, aunque solo sea a nivel simbólico. La piel de los empleados públicos se torna rápidamente en fina y delicada y cualquier exigencia profesional se percibe como abusiva.

En todo caso no hay que escandalizarse, puesto que estas actitudes son totalmente naturales y humanas, pero el problema es que fomenta que los buenos líderes se sientan obligados a ser cuidadores escolares y no líderes inspiradores e innovadores. Las medidas para revertir esta situación son complejas, pero habría que imaginarlas. Una posibilidad sería dedicar una parte de la formación o talleres no tanto de motivación, sino de intentar frenar la decadencia motivacional y aportar instrumentos para superar el inevitable desgaste emocional, personal y profesional de los empleados. Las unidades de recursos humanos deberían tener menos juristas y más psicólogos para prevenir y atajar estos estados de ánimo inerciales. El objetivo es liberar a los directivos públicos de estas tareas para que tengan tiempo para ser más proactivos, visionarios e innovadores y, por tanto, inspiradores. Es decir, para que puedan dedicarse fundamentalmente a la motivación extrínseca, que es la que le corresponde a nivel institucional.

UNA CULTURA ADMINISTRATIVA EXCESIVAMENTE ACOMODADA Y LA GRAVE FALTA DE MOTIVACIÓN DE MUCHOS EMPLEADOS PÚBLICOS

La mayoría de los empleados públicos tienen una vinculación profesional con la Administración pública de carácter vitalicio. Pero este entusiasmo y vocación deben mantenerse durante muchísimos años (entre 35 y 45 años) hasta el momento de la jubilación. Y esto es complicado. La ausencia de una carrera profesional, en muchos casos, o el hecho de que los que sí poseen esta posibilidad puedan sufrir todo tipo de sinsabores derivados de la imperfección del sistema, hacen que en muchos empleados públicos vaya generándose una sensación de desánimo. Además, trabajar en unas organizaciones lideradas por los políticos no es una tarea sencilla, ya que los responsables cambian periódicamente, no son expertos en dirección y poseen unos perfiles de lo más diverso, elementos que van generando un cansancio acumulado a los empleados públicos que conviven con los perfiles políticos. Muchas veces un empleado público tiene la sensación de vivir instalado en la película *El día de la marmota*, ya que se repiten periódicamente las situaciones, los errores, las ideas y se va avanzando para llegar de nuevo, cada cierto tiempo, al punto de partida (Ramió, 2016). En un sentido ambiental, las organizaciones públicas avanzan con la forma de una sucesión de bucles y no en línea recta. Si a todo ello añadimos la contaminación por criterios políticos en los ascensos y retrocesos profesionales y determinadas conductas políticas heterodoxas, el resultado es que la desmotivación y el acomodamiento suelen ser difíciles de evitar. Al final se produce un cierto desapego entre muchos empleados públicos con la dirección política, lo que supone que estos empleados adopten un modelo de vida en el que se resignan a tolerarse y transigir con los políticos y a evitar al máximo los conflictos, las discusiones e incluso la pedagogía hacia ellos. En definitiva, se abandonan a la comodidad de la jerarquía y se limitan a cumplir órdenes sin analizar si son pertinentes o no a nivel técnico e incluso sin observar si son legales o no. Y esta apatía, indiferencia y gregarismo de una parte de los empleados públicos son el caldo de cultivo ideal para que los políticos con conductas heterodoxas campen a sus anchas para destruir los precarios diques institucionales que pueden evitar los fenómenos de corrupción.

Desde otro ángulo, los funcionarios más activos y dinámicos se sienten tentados, ante la falta de reglas del juego de la dirección pública profesional, a entrar en lógicas políticas y clientelares o a jugar de forma egoísta con las complejas reglas institucionales. El sistema público posee una estructura de incentivos perversa que genera todo tipo de externalidades negativas (Ramió y Salvador, 2018).

LA NECESIDAD DE REORDENAR LOS INCENTIVOS LABORALES EN LA ADMINISTRACIÓN

Las propuestas en materia retributiva y de relaciones laborales en el sector público serían las siguientes:

1. Equiparar las retribuciones públicas a las retribuciones privadas, ya que no tiene sentido que la Administración pública

sea una enorme isla descontextualizada del mercado laboral. Si la mayoría de las retribuciones en la actualidad son excesivamente bajas, hay que luchar pública y políticamente para aumentarlas y no generar dos tipos de mercados laborales tan asimétricos. El mantenimiento de asimetrías excesivas entre el ámbito público y privado solo puede tener como resultado final hacer insostenible, tanto a nivel institucional como económico, al propio sector público. Esto, en concreto, implica que en determinadas posiciones de los niveles más estratégicos, de inteligencia y de tecnología punta las retribuciones públicas deben ser más altas que en la actualidad. Es imprescindible esta medida si deseamos lograr instituciones públicas inteligentes y retener y atraer el talento. Por tanto, fin a las imposturas de retribuciones públicas relativamente bajas para todo el mundo, ya que esto implicaría la muerte institucional de la Administración pública. No se plantea que se deba retribuir al mismo nivel que el mercado, ya que hay que saber explotar el valor que implica trabajar en un entorno público en el que el empleo siempre será mucho más estable y resguardado de las inclemencias que en el mercado laboral privado. También hay que ponderar los valores: trabajar en el sistema público posee, para determinados perfiles profesionales y personales, el valor de contribuir al bien común y al interés general. En definitiva, contribuir a que logremos una sociedad más justa y equitativa. Por tanto, en la práctica se trataría de retribuir un poco mejor a nuestro personal más cualificado sin tener que alinearse con determinadas y disparatadas lógicas inflacionarias en las que suele deslizarse el empleo privado para sus puestos más relevantes. Mucho menos amable es tener que proponer que los empleos de la Administración pública que aportan menor valor añadido tengan unas condiciones parecidas a las del sector privado (siempre se puede retribuir un poco mejor, pero es suicida actuar totalmente ajenos al sistema predominante de relaciones laborales de carácter privado). Hay que tender, por tanto, a la equiparación de la mayor parte de los puestos operativos, de oficios, administrativos y auxiliares a las tablas retributivas privadas.

Además, en muchos casos, la medida más sensata puede residir en externalizar hacia el sector privado este tipo de puestos de trabajo.

2. Otra cuestión relevante, ante la presencia de numerosas malas prácticas, reside en analizar si la Administración debe hacer políticas de empleo como un mero empleador sin buscar otro valor añadido. Hay administraciones públicas, en especial algunos municipios, que crean empleo artificial para generar más puestos de trabajo (en vez de convocar un puesto de titulado superior, se convocan dos de administrativos con idéntico coste). Esto es irracional e implica precarizar la capacidad y el papel de la Administración pública. Las instituciones públicas deben tener políticas robustas de empleabilidad, de regulación socialmente aceptable del mercado laboral privado, pero nunca utilizar sus propias organizaciones para ello. Del mismo modo, sería un disparate que las administraciones públicas demoraran adrede la implantación de la robótica y estuvieran mucho más rezagadas que las organizaciones privadas. Una cosa son las necesidades institucionales y organizativas que tiene la Administración pública en cada momento y otra cosa muy distinta son sus políticas de empleo o sus políticas de carácter redistributivo.

3. Suprimir los privilegios laborales de los empleados públicos vinculados al disfrute de más días de vacaciones o de jornadas laborales reducidas. El argumento del punto anterior es igual de válido en esta propuesta. Es una pésima estrategia congelar la política retributiva y abrirse a la negociación de algunos ítems vinculados a las condiciones laborales. Es un clásico plantear que, ya que los empleados públicos pierden poder adquisitivo y políticamente y socialmente se considera imposible mejorar sus tablas retributivas, se decide negociar por la puerta trasera condiciones laborales al alza que, algunas de ellas, son injustas e incomprensibles. Es un error de libro en el que han caído, durante las últimas décadas, políticos y sindicatos con la contribución gregaria de los especialistas en gestión de recursos

humanos. Pongamos tres argumentos para explicitar este error: a) menos horas de trabajo suelen tener un impacto económico mayor que las mejoras retributivas. Se trata de una impostura, puesto que estos costos están socialmente ocultos, pero representan un lastre económico enorme; b) se deteriora de manera inevitable la imagen de los empleados públicos. Cuesta mucho comprender socialmente por qué los trabajadores del sector público poseen unas condiciones de trabajo mucho más ventajosas que las del sector privado. Se entra en un debate sobre privilegios de los funcionarios que suele descarrilar, de manera injusta, en acusaciones de parasitismo y ociosidad. No hay peor medida que alimentar con entusiasmo los perversos clichés sociales, y c) este tipo de medidas van impregnando la cultura administrativa y, al final, esta acaba asimilando unos parámetros que estimulan en exceso la cultura recreativa frente a la cultura del trabajo. No es posible evitarlo y la mayoría de los empleados públicos, incluso en contra de sus convicciones profesionales y personales, acaban haciendo ingeniería con las horas y los días de asuntos propios para que estos cundan todavía más. Este fenómeno es humano y no criticable, pero maligno de cara a una potente y positiva cultura administrativa. Además, no son anecdóticos el tiempo de trabajo y la energía intelectual que se pierden debido a este tipo de ingenierías contables sobre las horas de trabajo o de no trabajo.

4. Eliminar todas las rigideces garantistas en materia de función pública que dificultan la buena gestión e imposibilitan en la práctica una fluida disciplina laboral. A los empleados públicos se les debe exigir la misma disciplina y nivel de rendimiento que a los empleados privados. Solo los empleados públicos que ocupan puestos de autoridad y los que mantienen contacto con la dimensión política de la Administración pública deberían estar blindados en aquellos aspectos vinculados a evitar la discrecionalidad, la arbitrariedad, el clientelismo y la corrupción política. Si bien es cierto que un sistema de acceso meritocrático y competitivo para llegar a la Administración pública

debería ser recompensado, hay que evitar las gratificaciones que atentan directamente contra la eficacia y la eficiencia del sistema público. Al fin y al cabo, existe un tipo de compensación de un enorme valor laboral en el sistema público: la garantía, salvo raras excepciones, de que un profesional que accede por méritos en el sistema público va a tener garantizado de forma vitalicia su empleo si lo compensa con un rendimiento razonable. En el actual y futuro mercado laboral, que se caracteriza por su elevadísima volatilidad, esta garantía casi total de alcanzar un empleo vitalicio posee un muy elevado atractivo y valor de mercado que hay que ponderar y saber utilizar como moneda de cambio.

5. Hay que modificar las reglas o estrategias sindicales en relación con la Administración pública. Aunque sea una propuesta políticamente incorrecta, es evidente que la legislación en esta materia no puede ser la misma que en el sector privado (Ramió, 2017). Como se ha resaltado, la Administración pública es muy vulnerable a la presión corporativa y sindical, y hay que protegerla. No tiene sentido un marco legislativo en el que se proteja por la vía laboral y sindical a unos empleados públicos retribuidos de forma razonable, con condiciones de trabajo muy dignas y con una vinculación vitalicia. La legislación debe proteger a la parte más débil, que es la Administración pública, que además la sufragan todos los ciudadanos, está a su servicio y defiende el bien común y el interés general. La propuesta consistiría en limitar la capacidad de presión de los sindicatos restringiendo de forma drástica la actividad sindical en la Administración pública. En el caso de que un país lograra el prodigio de cambiar la cultura sindical (con elevados valores y responsabilidad pública) en las administraciones públicas, entonces no sería necesario tomar medidas tan drásticas. En el fondo, estas medidas lo que proponen es alcanzar un nuevo pacto entre los empleados públicos y la Administración pública para defender y proteger la viabilidad y sostenibilidad del sistema público y abandonar las lógicas

egoístas, individualistas e insolidarias asociadas a las capturas de carácter corporativo y sindical.

LA NECESIDAD DE CAMBIAR CON URGENCIA LOS SISTEMAS DE SELECCIÓN

Durante los próximos diez años se van a jubilar en España, tal y como se ha hecho referencia, la mitad de los actuales empleados públicos. Un tremendo cambio intergeneracional en nuestras administraciones públicas. Por tanto, es urgente transformar rápidamente nuestros sistemas de selección clásicos de carácter exclusivamente memorísticos para ser atractivos y atraer al talento. En este sentido, algunas administraciones están promoviendo algunos cambios acertados pero tímidos: destaca la Generalitat de Valencia, que ha impulsado un nuevo proceso selectivo más veloz y más liviano en exigencias; algunas protoiniciativas en la Administración General del Estado; la Junta de Andalucía lleva tiempo planteando este cambio y numerosos municipios han transformado de manera radical sus procesos selectivos para el personal laboral e interino.

¿Cuáles son los motivos para acometer con urgencia esta transformación? La respuesta se puede sintetizar en tres ítems:

a) Ante el cambio intergeneracional, las administraciones públicas debemos atraer nuevo talento joven. Los jóvenes contemporáneos no entienden que para acceder al empleo público deban invertir varios años e ingentes recursos económicos familiares para prepararse unas oposiciones que son muy poco atractivas a nivel intelectual. Si no cambiamos los procesos de selección, va a producirse un déficit evidente de potenciales candidatos con talento. Esta circunstancia ya se detecta desde hace tiempo en las oposiciones clásicas de los empleados adscritos al grupo A1 (destacan los grandes cuerpos del Estado). Cada vez se presentan menos candidatos y su nivel de preparación es más bien discreto. Por tanto, el primer objetivo de la transformación de los procesos de selección es diseñar un modelo que sea más confortable para los potenciales candidatos y que suavice las discriminaciones sociales que actualmente se producen.

b) Los actuales sistemas de oposiciones no solo no son gratos ni atractivos para los futuros candidatos, sino que tampoco son nada confortables para las propias administraciones públicas. Las administraciones subestatales, en las que se concentra el mayor porcentaje de empleo público y que están más tensionadas por el relevo intergeneracional, no son capaces de canalizar con eficacia y eficiencia estos sistemas clásicos de oposición. Se trata de procesos muy lentos (entre dos y cuatro años) que son técnicamente inviables. Hasta ahora se recurría a la conocida trampa de los interinos y, tras el abuso de este mecanismo, ahora pagamos las consecuencias de un mecanismo heterodoxo, escasamente meritocrático y que, además, ha sido permeable a algunas prácticas clientelares totalmente injustificables. El nuevo modelo de selección debe ser rápido, sencillo y asumible para la mayoría de los aparatos administrativos. No solo hace falta mayor confort para los candidatos, sino mayor comodidad organizativa para las propias administraciones públicas.

c) El argumento más potente es que hay que transformar el sistema, puesto que la meritocracia memorística no asegura que los empleados públicos posean las competencias, las actitudes y aptitudes que se requieren en las administraciones públicas del siglo XXI. No hay que denostar la memoria (al fin y al cabo, la memoria es el primer auxiliar de la inteligencia), pero no se puede acotar un complejo panorama competencial solo a la memoria.

Esta transformación de los procesos de selección no debería ser tan difícil como aparenta, ya que no percibo resistencias políticas, ni sociales ni mediáticas. Solo se detectan resistencias corporativas que no deberían tener la capacidad suficiente para vetar u obstaculizar este cambio de paradigma. La resistencia al cambio procede, básicamente, de los miembros de los grandes cuerpos de la Administración del Estado, que se irradia también en aquellos colectivos de empleados públicos de las administraciones subestatales que han transitado por una oposición difícil y memorística (que son menos de lo que se aparenta). Los argumentos de estos colectivos ante el cambio de modelo me parecen endebles y fácilmente superables en el marco de un debate abierto en el que la opinión pública ejerza un papel de mediador y de desequilibrador de la balanza. ¿Cuáles son los argumentos de esta resistencia al cambio?

1. El argumento que yo denomino del "servicio militar": si yo he pasado el trauma de tener que hacer el servicio militar, no acepto que futuras generaciones no lo tengan que hacer. Es un argumento natural e inevitable, pero sin sustancia y carente de estrategia. Si yo he tenido que apechugar años memorizando pruebas y superar un proceso muy duro de selección, me parece muy injusto que ahora los nuevos no lo tengan que hacer es el precario argumento. Con esta línea de pensamiento nada podría cambiar a nivel institucional en un contexto de cambio continuo y profundo. Es un argumento que pierde fuelle en el mismo momento que se expone en público. Cada uno tiene que vivir con los condicionantes de su tiempo sean justos o injustos.
2. El segundo argumento de esta diáspora corporativa es que no hay que menospreciar la cultura del esfuerzo para acceder a la condición de funcionario. Esto es dar por supuesto que invertir años y dinero para ser empleado público implica poseer un nivel elevado de valores públicos y de espíritu de servicio público. Se trata de otro argumento que no se sustenta. ¿Realmente es imprescindible mandar a galeras unos cuantos años a

los potenciales candidatos para que demuestren su vocación con lo público? Otro argumento carente de sustancia.

3. Pero el argumento más potente que están lanzando estos colectivos es que, si cambiamos los sistemas de selección con una metodología más flexible y técnicamente diversa, esta transformación podría ejercer el efecto catalizador de un neoclientelismo. Este argumento sí que es potente y preocupante. Es cierto que el sistema de selección memorístico bien implementado ha asegurado la capacidad y el mérito, la neutralidad y ha erradicado el clientelismo (en cambio, la prueba de la igualdad no la ha podido garantizar ni de lejos).

Los nuevos sistemas de selección deberían ser por competencias y podrían presentar arquitecturas variables: test o textos escritos vinculados a conocimientos adquiridos y con lógica memorística (pero con temarios muy limitados y mediante pruebas rápidas y fluidas), test de inteligencia, test de personalidad (para medir, por ejemplo, la capacidad de trabajo colaborativo, etc.), pruebas de competencias prácticas, etc. Y todo ello diseñado para que el proceso sea muy rápido (Valencia propone un conjunto de pruebas que se sustancian en un solo día, como si fuera el MIR o una selectividad universitaria) y radicalmente neutral y, por tanto, meritocrático. Los nuevos sistemas de selección no tienen por qué estar reñidos con la neutralidad, el mérito y la capacidad, sino todo lo contrario. Al fin y al cabo, se trata de sistemas de selección que ya utilizan instituciones autóctonas (Unión Europea, ayuntamientos en una selección meritocrática y competencial con los laborales e interinos) e implementados, desde hace tiempo, por muchos países de nuestro entorno más próximo. Y son sistemas que garantizan plenamente la neutralidad y son totalmente impermeables a potenciales presiones clientelares.

En definitiva, renovar los sistemas de acceso a la función pública es un reto técnico, pero el principal problema reside en superar las dinámicas internas de resistencia al cambio. En este sentido, habría que ser realistas y proponer un nuevo sistema híbrido que permitiera superar estas resistencias al cambio. Una posible estrategia sería la siguiente:

a) Impulsar un sistema de selección por competencias en todos aquellos perfiles profesionales nuevos e inéditos en la Administración pública (gestores de gobernanza de datos, expertos en igualdad, en ética vinculada a la tecnología, en inteligencia artificial y robótica, analistas de información, etc.). Al ser perfiles totalmente nuevos, están libres de capturas previas y no hay ningún tipo de resistencia corporativa.
b) Para los perfiles profesionales consolidados pero que requieren de un amplio abanico de competencias (un buen ejemplo serían los gestores públicos de nivel superior), diseñar unos procesos selectivos mixtos que agrupen una parte de conocimientos (habilidades memorísticas) y otra parte de competencias prácticas y reales.
c) Para aquellos cuerpos administrativos más clásicos (abogados del Estado, diplomáticos, inspectores de hacienda y del trabajo, etc.), mantener provisionalmente el actual modelo basado únicamente en conocimientos teóricos.
d) Focalizar la presión en la transformación en determinados perfiles profesionales de corte muy clásico, pero que es objetivamente imprescindible que posean un modelo mixto y equilibrado entre conocimientos y competencias. Unos buenos ejemplos de este grupo serían los jueces y los fiscales en los que los conocimientos son muy relevantes, pero en igual grado son imprescindibles competencias vinculadas a aptitudes y actitudes.

Si se diseña este modelo híbrido y diverso de sistemas de selección, mi pronóstico de cara al futuro es que, por una parte, se va a mantener el modelo de selección por competencias en el grupo de profesionales emergentes. En segundo lugar, para el grupo de gestores se va a incrementar notablemente el apartado de las competencias y a minimizar el de los conocimientos teóricos. Y, finalmente, los cuerpos más clásicos y tradicionalistas se van a abrir tímida e incrementalmente a incorporar pruebas vinculadas a las competencias.

CAPÍTULO 5

LA COMPLEJIDAD DE LA FUNCIÓN DIRECTIVA EN LA ADMINISTRACIÓN

LA IMPOSIBLE AGENDA DE LOS DIRECTIVOS Y EL EXCESO DE LAS REUNIONES

Todo cambia conceptualmente en la Administración pública salvo las agendas de los directivos públicos. Estas no mutan, sino que siguen inalterables con la salvedad que incrementan su amplitud y extienden su dedicación temporal. Las tareas y reuniones tradicionales permanecen y las nuevas exigencias de nuevos problemas y retos, de una nueva tecnología, de la ampliación de los canales de comunicación, etc., generan más tareas y más reuniones. Si se analiza la agenda de los directivos públicos durante las tres últimas décadas se puede apreciar el cambio a nivel de extensión y densidad de la agenda de los directivos. Hace 30 años los directivos mantenían un número limitado de reuniones, conversaban bastante por teléfono con otros directivos y disfrutaban de no pocos momentos de calma en los que trabajaban aportando valor: definición de la estrategia, resolución de problemas complejos, análisis de información para evaluar los procesos e impactos, etc. Es decir: hace unas décadas los directivos disponían de tiempo para ejercer las funciones realmente directivas. Hoy en día, cualquier empleado de base participa en más reuniones que los directivos de antes. Los directivos contemporáneos ya no mantienen reuniones, sino que están literalmente reunidos todo el día en salas de reuniones, en videoconferencias, en sistemas tecnológicos de carácter colaborativo, en llamadas telefónicas, etc. Su principal reto y fuente de preocupación es arañar algo de tiempo para contestar de manera fugaz las decenas o centenares de mensajes electrónicos que amenazan con colapsar su bandeja de entrada. Hay poco o nada de tiempo para preparar las reuniones y las otras interacciones colectivas y estas son cada vez menos fluidas y más caóticas. Se hace un mal uso de las reuniones, ya que son utilizadas como el canal preferente de comunicación tanto a nivel interno como externo. Incluso hay una sacralización perversa de las reuniones: la ausencia de reuniones en la agenda implica simbólicamente que no trabajas. La comunicación debería canalizarse por vías distintas a las reuniones y la convocatoria de una reunión debería representar un momento crucial, pues una reunión solo se justifica si se toman decisiones (hay algunas empresas que a las salas de reuniones las denominan salas de toma de decisiones). Si en una reunión no se toma alguna decisión implica que este encuentro ha sido un fracaso.

En estas agendas tan estresantes de los directivos públicos, que casi impiden la simple respuesta de los mensajes electrónicos, no permiten espacios para la reflexión y el análisis de carácter estratégico, de mejora de las distintas variables organizativas, de desplegar las más mínimas capacidades analíticas que es la labor intrínseca y fundamental de un directivo público. Es una tarea hercúlea esponjar las agendas de los directicos: muchos lo intentan y casi nadie lo logra.

Un tema tradicional de debate y polémica es la tendencia a mantener en nuestros ámbitos de trabajo un exceso de reuniones, la famosa "reunionitis". Siempre ha sido un problema recurrente, pero con la pandemia y la pospandemia (con la novedad del teletrabajo) el problema todavía se ha agravado más, hasta el punto de que la inflación de reuniones es una de las principales dificultades tanto en la organización del trabajo como en la calidad de vida de los directivos y empleados y afecta negativamente en el rendimiento de la gestión.

Es un tema complejo que ni los académicos que lo han estudiado son capaces de realizar un buen diagnóstico ni una batería de propuestas razonables. Considero que, en primer lugar, llamamos reuniones a cualquier actividad que no merece una consideración real de reunión. Por ejemplo, mantener una conversación puntual para analizar o solventar un tema concreto con tu superior o con un colaborador no creo que pueda considerarse formalmente como una reunión. Forma parte de la dinámica laboral ordinaria y la consideramos ahora reunión porque la ubicamos en la agenda, destinamos un espacio laboral concreto para desarrollarla y con el trabajo digital generamos un *link* al que atender en un momento determinado. Creo que estas actividades son consultas y no llegan a la categoría de reunión. Se trata de actividades usuales e imprescindibles para el buen gobierno de la organización que deberían resolverse de manera rápida con consultas telefónicas (¿hemos olvidado la inmediatez y fluidez de las llamadas telefónicas?), con un *e-mail* o con una conversación rápida y sin agendar que se produce de manera espontánea en la dinámica de trabajo. Aquí el tema clave es que, quien lleve la iniciativa de la consulta, la tenga bien preparada, que presente un conjunto de opciones y, tras la consulta, se obre en consecuencia. En definitiva, se trata de evitar al máximo la inercia de "hemos conversado para concluir que debemos volver a hablar" sobre el mismo tema. En casos complejos tiene todo el sentido, pero en el 90% de las situaciones implica simplemente una deficiente preparación y gestión de estos momentos de encuentro.

Al otro extremo de las numerosas reuniones o supuestas reuniones, tenemos que ubicar aquellas multitudinarias que representan reuniones informativas y de socialización con buena parte de la plantilla de profesionales. Estas reuniones extensas son necesarias, pero deberían dosificarse y realizarse en función de las características y contingencias de cada ámbito organizativo: una vez al mes, en algunos casos cada tres meses y, en ámbitos con un entorno muy turbulento, cada quince días.

Considero que el problema del exceso de reuniones se concentra en tres ámbitos: a) reuniones con entre tres y ocho personas (más de ocho personas no puede considerarse una reunión, ya que es imposible la implicación activa de todos los presentes) que se realizan para planificar, gestionar problemas complejos, etc.; b) las reuniones que se mantienen con otros agentes administrativos externos al ámbito concreto de gestión: con unidades cercanas con las que hay que coordinarse o con las extensas unidades transversales que han crecido como setas otoñales; c) las reuniones con agentes externos a la Administración: empresas, asociaciones de todo tipo, *lobbies*, ciudadanos, etc.

Representan tres categorías de reuniones que son imposibles de evitar y la mejor estrategia sería dosificarlas y nunca concentrarlas en el tiempo. Cada reunión se asemeja a una comilona conceptual y solo se pueden hacer las reuniones (o las comilonas) que el aparato digestivo organizativo esté en condiciones de digerir. Si no hay tiempo material para hacer una buena digestión, hay que demorar estas reuniones. A veces es mejor ir lento y seguro que estar inerte durante días como una boa que ha tragado de golpe un exceso de alimento.

Veamos algunos elementos a tener presentes antes de convocar una reunión:

1. Calcular los costes económicos de una reunión: si se convoca, por ejemplo, a ocho empleados, hay que estimar los costes laborales económicos por hora de cada empleado. Es un cálculo sencillo: pongamos que la retribución bruta media de cada empleado y con los costes laborales es de 50.000 euros anuales y lo dividimos por 1.350 horas laborales que se trabajan de media en la Administración. El coste resultante es de 37 euros por persona y hora. Por tanto, una reunión de dos horas con ocho personas tiene un coste organizativo de 600 euros. Es una estimación muy a la baja y seguramente el coste real se aproximaría a los 1.000 euros.

2. Calcular los costes de oportunidad al pensar en convocar una reunión: como el tiempo es finito, hay actividades importantes e imprescindibles que se van a demorar o simplemente se van a dejar de atender por culpa de un exceso de reuniones.
3. El objeto de la reunión debe tener un fin claro del que debe desprenderse una decisión y un resultado. Decisión y resultado que deberían evitar demorar el tema, volver a convocar otra reunión para el mismo asunto o generar unas cargas de trabajo superiores a las que se producirían si se hubiera evitado la reunión. En este sentido, las reuniones deberían poseer siempre dos metaobjetivos: alcanzar más inteligencia institucional derivada de la lógica colaborativa inherente a una reunión (mayor valor público) o lograr una estrategia más fluida que permita abaratar costes organizativos y económicos (una reunión con un coste de 1.000 euros debería aportar ahorros superiores en las dinámicas posteriores de trabajo).
4. Atendiendo al punto anterior es de sentido común que es imposible que los miembros de una organización puedan encadenar sucesivamente varias reuniones. No las pueden preparar en condiciones, ni tienen capacidad para cambiar de registros conceptuales de manera tan rápida ni van a tener capacidad de dar respuesta en tiempo y forma a las exigencias de los distintos retos y dilemas que se diriman en estos encuentros.
5. Todos los participantes en una reunión deberían prepararse a conciencia los contenidos. Por supuesto que la preparación debería ser milimétrica por parte del convocante de la reunión, pero ello no exonera que el resto de los participantes no deban también llevarla bien preparada con sus propias informaciones y análisis complementarios. El miembro que va a una reunión solo a escuchar pasivamente debería ser expulsado de esta.
6. Las intervenciones en las reuniones deberían ser escuetas e ir directamente al aporte de valor. Hay que evitar

monólogos excesivos, circunloquios, polémicas estériles derivadas de luchas de poder, reiteración de argumentos, divagaciones absurdas, etc. El moderador de la reunión debería atajar este tipo de excesos verbales o de divismo profesional.

7. En determinadas reuniones orgánicas (por ejemplo, consejos de dirección) hay miembros que no dominan ni les afectan algunos de los temas que están presentes en la agenda. Mi propuesta es que se abstengan a intervenir y esperen a que se trate otra cuestión que sí les concierne y la dominan. Pueden intervenir en el caso excepcional que desde fuera del laberinto del tema tratado detecten una alternativa potente que no advierten los protagonistas del ámbito por excesiva proximidad (muchas veces las aportaciones más significativas provienen de aquellos externos a la temática que, libres de capturas, pueden tener una visión más holística). Pero salvo estas intervenciones excepcionales mi consejo es que estén callados. Estoy cansado de la actitud perruna típica de muchos participantes en una reunión que, aunque no venga a cuento, se sienten en la obligación de "marcar territorio" sin otro aporte que mostrar un poder estéril y embrutecer el espacio público.
8. La reunión debería finalizar con unas estrategias de acción concretas definiendo el responsable de cada actividad y un cronograma. Si alguien tiene la mínima duda, que la exponga y se aclare durante la reunión. No es de recibo lo que suele ser habitual: después de la reunión hace falta mantener muchos contactos para aclarar lo que se ha decidido, qué tiene que hacer cada uno, resolver mil dudas absurdas y ahogar a los directivos o responsables administrativos con tareas de seguimiento y de control de calidad de las acciones de cada uno de los presentes en la reunión. Después de una reunión cada uno debería espabilarse por su cuenta y riesgo y su aportación debería siempre estar a la altura de las expectativas.

9. Participar a una reunión es un privilegio profesional, no una actividad rutinaria en la que la principal función de algunos convocados es la de dedicarse a echar balones fuera. Es justo lo contrario, cada uno debe tener hambre de balón para responsabilizarse en implantar alguna jugada trascendente y que aporte valor real al juego colectivo y a los resultados positivos de la organización.
10. Las reuniones plenarias y multitudinarias son relevantes como ejercicio de socialización colectiva, de visualizar la información de manera transversal y holística. Se trata de reuniones plenarias o semiplenarias que son necesarias e imprescindibles, pero hay que dosificarlas, ya que pueden tener con gran facilidad un coste económico de unos diez mil euros o más.

LAS EXTENUANTES COMPETENCIAS QUE DEBEN ATESORAR LOS DIRECTIVOS PÚBLICOS

Borja Colón de Carvajal, directivo público de la Diputación Provincial de Castellón de la Plana, explica en sus cursos las competencias que deben poseer los directivos públicos tanto a nivel general como directivos como a nivel técnico como responsables de un ámbito concreto de gestión. En concreto en el curso al que hago referencia que trata de dirección de contratos públicos llega a definir hasta 19 competencias especializadas vinculadas al ámbito de la contratación, un área especialmente compleja y con muchas derivadas. Posteriormente, anuncia 11 competencias que define como genéricas y las articula en competencias personales (1. Adaptabilidad y modernización; 2. Pensamiento crítico y analítico; 3. Comunicación; 4. Ética y cumplimiento), de gestión de personas (5. Colaboración; 6. Gestión de relaciones con las partes implicadas, 7. Dirección de equipos) y de rendimiento (8. Conciencia organizativa;

9. Gestión de proyectos; 10. Orientación a los resultados; 11. Gestión de riesgos y control interno).

Una larga lista, pero que se queda corta y coja con relación con los nuevos retos que ha expuesto este documento y, por tanto, habría que añadir las siguientes competencias genéricas:

- Gestión de conflictos interorganizativos o interpersonales.
- Dominio conceptual y práctico de lo que implica la sostenibilidad.
- Dominio conceptual y práctico sobre igualdad por razón de género.
- Cultura y conocimientos de carácter político: desde funcionamiento de los partidos políticos a los distintos roles de liderazgo político.
- Problemas y expectativas emergentes de la ciudadanía.
- Administración digital: potencialidad, límites y buena atención ciudadana.
- Inteligencia artificial.
- Gestión de la información: gobernanza de datos.
- Innovación.
- Sentido de estrategia a largo, medio y corto plazo combinado con la capacidad de despliegues tácticos.
- Problemáticas laborales de los empleados públicos.
- Problemas personales de los empleados.
- Fundamentos de piscología básica.
- Gestión psicosocial del personal (gestión de pasiones).

Un directivo público debería ser, por tanto, una enciclopedia viviente de conocimientos teóricos y prácticos. Un ser renacentista con capacidad de discernimiento y competencias muy diversas. En definitiva: un malabarista de la gestión pública y de la gestión de personas tanto a nivel individual como colectivo. Además, hay que tener en cuenta que los pronósticos de los especialistas en organización del trabajo afirman que, a partir de ahora, cualquier empleado o profesional deberá realizar cada cinco años un intenso esfuerzo en reciclaje. Cada lustro deberá transformar de manera radical su portafolio de competencias profesionales. No es difícil suponer que los directivos que dirigen a estos empleados y profesionales, que cada cinco años van a renovar su rol profesional, deben realizar unos esfuerzos en reciclaje mucho más profundos y con una periodicidad todavía más corta para no caer en la obsolescencia. Unos esfuerzos que requieren inversión de mucho tiempo que, de momento, no poseen.

LA ENMARAÑADA RENOVACIÓN DE LAS ÉLITES ADMINISTRATIVAS

El enorme relevo intergeneracional que desde ya están experimentando las administraciones públicas va a incidir, todavía en mayor medida, en la élite administrativa. Durante los próximos diez años van a jubilarse entre el 80 y el 90% de los directivos públicos. Por tanto, la renovación directiva va a ser radical y casi absoluta. Un relevo que va a presentar, también, su doble cara: por una parte, la pérdida de conocimiento de los directivos que han modernizado en términos de gestión las políticas y los servicios públicos (aunque no lograron modernizar su diseño organizativo) y, por otra parte, la atracción de nuevo talento para ocupar estos puestos directivos.

Pero acometer este relevo no va a ser una tarea sencilla por varios motivos:

- Se va a jubilar la mayor parte del estamento directivo de las administraciones públicas, pero, en paralelo, también se van a jubilar los cargos intermedios y los técnicos superiores con mayor experiencia. Esto significa que no existe la posibilidad de un relevo inercial derivado de la carrera de mando, sino que habría que planificar con tiempo este relevo. Planificación hasta ahora inexistente cuando ya se ha iniciado esta ola de jubilaciones: el año 2023 puede considerarse como el momento de apertura de este proceso en el que ya se puede detectar que se están jubilando un volumen significativo de directivos públicos de referencia en las redes epistémicas directivas.

- Se trata de un proceso masivo en las administraciones autonómicas y locales y algo menos agudo en la Administración General del Estado, que, a pesar de estar bastante envejecida, posee una pirámide demográfica algo más equilibrada.
- Todo parece indicar que el relevo no se va a producir de manera natural entre generaciones cercanas, sino, probablemente, entre generaciones distantes temporalmente. En teoría, son los funcionarios presentes en la franja de entre 45 y 59 años, que porcentualmente es muy significativa, los que deberían protagonizar este relevo, pero esta dinámica presenta varias dificultades: una parte importante de este colectivo está en la zona alta de esta franja de edad y, por tanto, también próxima su jubilación y se trataría de un relevo efímero a la espera del "gran" relevo. Buena parte de los empleados públicos de esta franja de edad han padecido el efecto tampón de las generaciones más *seniors*, que les ha impedido crecer profesionalmente y no está muy claro que puedan ejercer el papel de yacimiento profesional para ocupar los puestos directivos. Se trata de una generación muy acomodada en sus puestos y probablemente poco proclive a asumir nuevos retos y riesgos profesionales. Por tanto, habría que observar como protagonista del relevo a los empleados públicos de la franja de 30 a 44 años, con un cierto peso porcentual, e incluso a los menores de 30 años que tienen una presencia residual.
- Otro problema vinculado a este proceso de relevo intergeneracional tiene un carácter sutil, discreto y complejo:

la poca ambición de algunas generaciones para liderar las organizaciones. En este sentido, se puede detectar que hay un punto de inflexión entre el perfil profesional y personal de los empleados públicos que ahora tienen 60 o más años con los que atesoran menos edad. Es decir: una diferencia de perfiles entre los empleados públicos nacidos entre mediados de los cincuenta y hasta finales de los sesenta con los nacidos a partir de los años setenta. En este sentido, los *seniors* entraron a la Administración pública en un momento fundacional, de renovación y extensión del sistema público, y se sintieron, como generación, llamados a liderar las organizaciones públicas. Una generación que se implicó con los procesos de modernización y expansión del sector público y con ambición para liderarlo. En cambio, los nacidos a partir de los años setenta, los *preseniors*, han tendido a mostrar un papel mucho más discreto, e incluso abúlico, quizás por sentirse tamponados profesionalmente por las generaciones anteriores y tener que resignarse a protagonizar ese rol más medido. Aunque los motivos de esta situación no son nada precisos, lo que sí se detecta en la mayoría de las organizaciones públicas es que los empleados que actualmente tienen entre 40 y 60 años muestran muy poca ambición y motivación para ocupar puestos de liderazgo administrativo. Por tanto, el yacimiento de relevo de los directivos públicos habría que buscarlo entre los empleados públicos con menos de 40 años.

- No obstante, también pueden anticiparse dificultades con las generaciones más jóvenes de empleados públicos (menos de 40 años), ya que estamos ante unos perfiles profesionales y personales radicalmente distintos a los de las generaciones más maduras. Los empleados públicos más jóvenes, cercanos o protagonistas de la revolución digital, poseen una cartera de valores profesionales y personales vinculados a un mayor cálculo coste-beneficio de carácter laboral y personal. Unas generaciones que priorizan la dimensión personal y familiar muy por encima de la dimensión profesional. De modo gráfico, se podría decir que los directivos que ahora se jubilan o se van a jubilar "vivían para trabajar", con un elevado nivel de implicación profesional. En cambio, las generaciones más jóvenes "trabajan para vivir", y su implicación profesional es mucho más racional, medida y, seguramente, más inteligente. Con el actual precario sistema de incentivos para ocupar puestos directivos en las administraciones, tal y como se ha hecho referencia en diversos apartados de esta obra, es muy difícil que esta generación joven esté dispuesta a ejercer la función de relevo generacional directivo.

A modo de conclusión sobre este análisis de las dificultades del relevo intergeneracional de los directivos públicos, hay que retener dos motivos que pueden complicar este proceso. Por una parte, las administraciones públicas han sido incapaces de desplegar un sistema de incentivos para mantener motivados y en estado de alerta a la mayoría de los empleados públicos (ausencia de carrera horizontal, politización en la designación de puestos directivos, tablas retributivas en disonancia con las distintas responsabilidades, etc.), que han provocado un acomodo de las generaciones intermedias a mantenerse en una zona de confort exenta de grandes responsabilidades y que ha adormecido sus anhelos de progresión profesional. Por otra parte, se detecta una importante diferencia a nivel de valores personales y profesionales entre las generaciones que van a protagonizar las jubilaciones con los empleados públicos mas jóvenes, que poseen un sistema propio de incentivos poco proclive a liderar las organizaciones públicas.

Ante esta situación, la única respuesta institucional posible debería ser diseñar unos robustos planes de relevo intergeneracional de la función directiva. Pongamos algunas ideas sobre cómo deberían articularse estos planes:

- Realizar el ejercicio de detectar a todos aquellos empleados públicos con menos de 40 años que muestran características y dinámicas profesionales relevantes como potencial cantera para ocupar, en el futuro, puestos de dirección pública.
- Programar de manera más extensa y profunda que en la actualidad cursos completos de formación directiva totalmente abiertos a todos los titulados superiores (no limitarse solo a cargos intermedios), que ejerzan la función catalizadora de hacer aflorar los empleados públicos con vocación directiva. De este modo, habría que incentivar al grupo del punto anterior a que se incorpore a esta formación y abrir las puertas a aquellos que poseen la motivación y ambición para ocupar puestos directivos.
- Estos cursos completos de formación directiva no deberían limitarse a cumplimentar las actividades inerciales y escasamente evaluables de estos programas formativos. Habría que partir de la consideración que estos programas están diseñados no solo para formar, sino también, y en esencia, para seleccionar a los futuros directivos públicos analizando institucionalmente las competencias y capacidades de progresión de los participantes. Se trataría de una selección meritocrática mucho más robusta que los actuales sistemas de progresión a puestos directivos.
- Una vez detectados los potenciales candidatos, habría que hacer un seguimiento de cada uno de ellos diseñando un plan formativo personalizado y dirigiendo su progresión profesional en la cadena de mando.
- Aunque puede considerarse esta estrategia como elitista y teledirigida, sería mucho mejor que dejar el relevo intergeneracional de carácter directivo en manos de

mecanismos espontáneos e improvisados que podrían abrazar con facilidad la mediocridad. En efecto, el modelo sería pautado y dirigido, pero en absoluto elitista, ya que estaría abierto, con filtros meritocráticos asociados a las competencias, a todo el personal que legalmente puede ocupar puestos directivos.

CAPÍTULO 6

PROPUESTAS ADICIONALES PARA REFLOTAR LA ADMINISTRACIÓN

Los cinco capítulos anteriores dibujan un panorama sombrío de la Administración pública española contemporánea. Para solventar los problemas, hay que huir de las imposturas y de los eufemismos propios de la cultura política y administrativa a la hora de diagnosticar las instituciones públicas. Hay que enfrentarse a la realidad, aunque esta sea ingrata, brumosa y confusa. Pero el objetivo no es recrearse en lamerse las heridas, sino en curarlas. Aunque no lo parezca, este texto no solo tiene una intencionalidad catártica, sino también manifiestamente reformista desde una posición realista. Hago mía una reflexión de Nacho Cordero, director de *El Confidencial*: "Yo creo que hay tres tipos, los escépticos-constructivos, que cuestionan hasta lo evidente y son los que permiten que los optimistas puedan serlo. Luego están los optimistas de corto plazo, que son los buenistas, y los optimistas de largo plazo, donde me incluyo, y que pensamos que todo lo que ha ocurrido en la historia de la humanidad siempre ha ido a mejor". Y, además, tengo siempre en mente a Kant en su aseveración: "Sin la esperanza de tiempos mejores no habría espacio para la moral y para la política". Por tanto, es necesario buscar respuestas y propuestas a los problemas y retos relatados en esta obra. En las páginas anteriores, ya aparecen algunas propuestas parciales, sectoriales y urgentes que deberían diseñar e implantar las autoridades públicas. Pero considero necesario complementarlas con algunas propuestas más generales que sirvan de orientación conceptual para canalizar la necesaria estrategia reformista o transformadora.

REPENSAR UNA ADMINISTRACIÓN DESNORTADA

La mayoría de los ciudadanos contemporáneos sentimos que estamos en una encrucijada, en unos momentos de cambio de paradigma a todos los niveles: climático, medioambiental, de salud pública, tecnológico, económico, social y político. Vivimos en la más absoluta de las incertidumbres, entre miedosos y expectantes. Desde la Segunda Guerra Mundial del siglo pasado, la mayoría de las sociedades avanzadas se acomodaron a un contexto de crecimiento incremental del bienestar en todas sus dimensiones. Con el inicio del actual siglo, esta sensación se fue evaporando y se ha extendido socialmente la convicción de que todo va a peor y que los grandes anclajes económicos, sociales e institucionales están en decadencia. Algunos filósofos y economistas afirman que la combinación de democracias débiles, capitalismo desnortado e inteligencia artificial son una mezcla peligrosa (Mark Coeckelbergh, entrevista en *El País*, 26 de mayo de 2023). Tienen toda la razón, aunque olvidan que en esta fórmula también están presentes y son muy relevantes las instituciones. Si a esta situación de incertidumbre, e incluso de zozobra, añadimos instituciones públicas cada vez más débiles y con peor calidad, cerramos un círculo infernal del que es muy difícil escapar.

Las instituciones públicas son cada vez más débiles por la anemia de los sistemas democráticos que no logran asegurar el bienestar a la ciudadanía y que coquetean con tendencias políticas demagógicas y con relatos perversos de carácter populista. Pero las instituciones públicas también son débiles por el agotamiento y falta de modernización de las administraciones públicas en la provisión de servicios y seguridad a los ciudadanos. Actualmente, la efectividad de la gestión pública está muy cuestionada socialmente. Lleva un tiempo que se ha estado gestando esta negativa sensación, y la crisis de la COVID-19 supuso un punto de inflexión, quizás de no retorno, de esta decepción con la manera de operar de nuestras administraciones públicas. Una parte de la ciudadanía se siente abandonada por las administraciones y está crispada y con actitudes beligerantes. Consideran, con razón o sin razón, que las administraciones públicas están caducas, que están ensimismadas y que carecen de las competencias y de la motivación para enfrentarse a los nuevos retos. La ciudadanía no puede evitar comparar, aunque no sea consistente, cómo funcionan y se renuevan empresas de referencia como Google, Amazon o Inditex con unas administraciones escleróticas y con tendencias autistas.

La literatura académica en gestión pública también está preocupada por la falta de sintonía entre un entorno complejo y turbulento y unas administraciones públicas diseñadas para gestionar básicamente la certidumbre. Unas administraciones públicas con unos diseños mecánicos que van a ser incapaces de absorber la complejidad socioeconómica y tecnológica del presente y del futuro.

Forma parte de la tradición administrativa que los gestores públicos se quejen de que, para lograr sus objetivos, tienen que enfrentarse a un muro burocrático casi impenetrable. Deben abandonar sus funciones como gestores para dedicar un precioso tiempo a combatir, con escaso éxito, contra estos obstáculos. Aunque a veces este argumento se utiliza como una impostura a modo de excusa, es cierto que la gestión pública se encuentra lastrada por inercias y dinámicas obsoletas y socialmente incomprensibles. El muro impenetrable suele tener, en la mayoría de las ocasiones, poco que ver con el modelo burocrático, sino con comportamientos arraigados en una cultura feudal en la que predomina el celo por la defensa de obsoletas jurisdicciones administrativas y de los distintos y también anticuados roles profesionales. Las lógicas corporativas, en su peor acepción del término, están muy arraigadas, y entre unos y otros edificamos el odioso muro burocrático. Es una paradoja observar a un empleado público que se queja del muro burocrático y que, en paralelo, lo está reforzando con entusiasmo. El nuevo modelo organizativo propuesto tiene como objetivo derribar este muro o, al menos, hacerlo mucho más poroso y permeable.

En este ambiente de depresión social, administrativa y académica ha surgido tímidamente un nuevo paradigma denominado de *gobernanza robusta* que intenta dar respuesta a estos retos. Sus planteamientos sobre que los modelos de gestión pública agrupen dinámicas de estabilidad y, en especial, dinámicas de cambio y de transformación nos parecen acertados. Es ineludible introducir en la gestión pública tensores o motores de renovación, de transformación, mediante el incremento de las capacidades de aprendizaje organizativo. El nuevo modelo de gobernanza robusta está todavía en un estadio seminal: sus bases teóricas son convincentes, pero sus planteamientos normativos son todavía excesivamente genéricos e incluso confusos.

Los que nos dedicamos a la gestión pública siempre tenemos que colocar en el frontispicio de nuestra labor académica y profesional la sentencia: "Los que no poseen nada solo tienen la Administración pública". No podemos fallar a la sociedad y, en especial, a su parte más vulnerable. Por ejemplo, es inadmisible, en el caso de España, que el Gobierno impulse unas determinadas políticas públicas para contribuir, según su criterio, al bienestar social y los ciudadanos destinatarios no puedan beneficiarse por el colapso de las administraciones públicas. Es lo que sucede ahora con los trámites para entrar en el programa del ingreso mínimo vital o con las gestiones para percibir la pensión de jubilación. Ahora son estos los servicios públicos candentes, pero antes lo fueron la tramitación de documentos de identidad, las ayudas a las empresas durante la pandemia, los certificados de familia numerosa, etc.; y, dentro de un tiempo, serán otros los servicios en situación de vahído. En el caso de que surja cualquier crisis imprevista, el desmayo de los ámbitos administrativos afectados se puede considerar, lamentablemente, asegurado. Por estos y otros motivos es ahora más necesario que nunca repensar el modelo de organización y de gestión pública.

REINVENTAR LA CULTURA ADMINISTRATIVA

La cultura organizativa es un ingrediente crítico, aunque difuso, del buen desempeño de las administraciones públicas. Suele definirse *cultura organizativa* como el agregado de mitos, valores e ideología de una institución. Esta explicación tampoco es muy clarificadora. En todo caso, es una evidencia empírica que todas las organizaciones poseen sus propios trazos culturales más o menos sólidos, más o menos funcionales o disfuncionales para el buen desempeño organizativo. Las administraciones públicas aglutinan un enorme espectro de culturas organizativas: en unos ámbitos predomina la cultura burocrática (ámbitos internos de la Administración y de gestión estrictamente administrativa en las relaciones con los ciudadanos), en otros domina la cultura gerencial (en ámbitos de prestación de servicios en el que predomina la lógica instrumental), en otros impera una cultura de gobernanza social (unidades de participación ciudadana o de servicios sociales y de interacción comunitaria), en otros prevalecen unas determinadas culturas profesionales (letrados, informáticos, sanitarios, educadores, etc.). Es obvio que, en la práctica, se produce una mezcla de culturas: por ejemplo, los letrados tienen una cultura profesional propia que suele estar vinculada a una cultura burocrática. La cultura administrativa es enormemente compleja y una fuente importante de distorsiones organizativas. Vamos a precisar algunas reflexiones y propuestas sobre esta procelosa dimensión organizativa:

- Es esencial que las administraciones públicas promuevan una cultura administrativa específica del ámbito público mediante sus procesos de selección, la formación de entrada, de formación permanente y también vehiculado por los relatos que promueven sus líderes. Trabajar en la Administración no es lo mismo que trabajar en una organización privada. Es necesario socializar a los profesionales de la función pública en las especificidades del servicio público y de aportar valor social: defensa del bien común y del interés general, estar al servicio de los ciudadanos, proteger a los ciudadanos más vulnerables, etc. La cultura de lo público tiene ingredientes de cultura y vocación misionera vinculada a la función social de las administraciones públicas. Las personas que no se comprometan con estos valores no van a ser buenos servidores públicos.

- Cada Administración debería promover unos valores propios en el contexto de los anteriores de más carácter general. Las administraciones públicas son diferentes, ya que poseen objetivos y orientaciones distintas. No es lo mismo una Administración estatal, que una autonómica o que una local. Es muy diferente un centro educativo público de un centro sanitario público. Cada Administración requiere de su propia identidad cultural.
- Los dos ingredientes anteriores parten del principio que los empleados de una Administración pública deben compartir un mínimo de valores comunes que hagan posible sus interacciones intersectoriales e interprofesionales. La cultura organizativa es como una lengua: un mecanismo de comunicación colectivo y una fuente de identidad común. Cada unidad o grupo profesional suele tener su propia cultura y su propio dialecto profesional y, por ello, es imprescindible que se trabaje en alcanzar unos estándares culturales compartidos para que las distintas subculturas puedan dialogar entre ellas de manera fluida. En este sentido, es necesario construir un esperanto transversal tanto a nivel de cultura de lo público como de la propia cultura institucional de cada Administración.
- La cultura predominante en la Administración suele tener un carácter conservador, de control y de animadversión

hacia la incertidumbre. Es una cultura asociada a la estabilidad. Hay que transformar esta cultura para que incorpore el ingrediente de cambio, de cultura abierta a la resiliencia dinámica. Las administraciones públicas llevan un tiempo orientadas en este sentido al ir introduciendo la cultura de la innovación. La nueva cultura que hay que fomentar tiene que estar vinculada con el aprendizaje constante, la visión prospectiva, la gestión de la información como mecanismo para un mejor conocimiento, la cultura de la colaboración. Con estos ingredientes se potencia una cultura abierta al cambio y a la transformación continua.

- Ahondando en el punto anterior, hay que estimular una cultura administrativa orientada hacia la inteligencia institucional en la que se estimule un tipo de gestión más científica y pasar de la cultura de la intuición a la cultura del conocimiento. La gestión de la información debería ser el elemento predominante en esta nueva cultura con el objetivo de maximizar la nueva orientación bifronte: estabilidad y cambio y, por tanto, el modelo ambidiestro de gestión. Una cultura en la que el análisis de la prospectiva es relevante para definir estrategias que fomenten el cambio constante. Las estrategias como catalizador de una articulada cultura de la innovación.
- Finalmente, hay que incentivar una cultura de trabajo colaborativo en la que se trabaja por proyectos y con equipos multidisciplinares. La cultura colaborativa está cada vez más presente en nuestras administraciones públicas y representa un potente catalizador para la renovación de la cultura administrativa.
- En las administraciones públicas actuales conviven tres tipos de culturas organizativas profundas y transversales: la cultura burocrática, la cultura gerencial y, de manera más residual, la cultura de la gobernanza (presente en unidades de participación ciudadana y en políticas y servicios con lógicas comunitarias). De cara al

futuro, habría que potenciar la cultura de la gobernanza e incorporar la cultura de la inteligencia institucional y de la transformación (innovación). Con el tiempo, y gracias a la inteligencia artificial, la cultura burocrática irá desapareciendo, ya que la burocracia se va a apuntalar sobre la tecnología: burocracia sin burócratas (Ramió, 2019). La cultura gerencial seguirá presente, pero con un mayor equilibrio entre las dinámicas eficientistas y los ingredientes de una mayor sensibilidad social. La nueva cultura transversal debería ser la de la gobernanza robusta asociada a la gobernanza social inteligente (Ramió y Salvador, 2019).

LAS NUEVAS OBLIGACIONES Y DERECHOS DE LOS EMPLEADOS PÚBLICOS DEL FUTURO

El relevo intergeneracional que vamos a experimentar durante los próximos años en las administraciones públicas habría que planteárselo como una gran oportunidad para transformar el compromiso institucional de los empleados públicos en forma de nuevas obligaciones y derechos vinculados a una Administración propia del siglo XXI. Es un momento propicio para modernizar la cultura laboral y organizativa del empleo público. Esta nueva orientación podría articularse en función de tres ingredientes: nuevas bases del sistema público, distintas obligaciones y, finalmente, diferentes derechos. El objetivo no es otro que buscar la dignificación profesional y el prestigio social del empleo público. Con estos nuevos ingredientes los empleados públicos estarán más motivados gracias a unas reglas de juego más claras y justas. La actual confusión en materia de derechos y deberes genera malestar entre los buenos profesionales, sin lograr incentivar al resto. Las nuevas bases del sistema público podrían ser las siguientes:

- Laborar en la Administración pública supone el ejercicio de una vocación de estar al servicio de la defensa del bien común y del interés general, de sentir estar al servicio de la ciudadanía y, en especial, de la parte más vulnerable de la sociedad. Hay un porcentaje significativo de cada generación que posee valores altruistas que abogan por un cambio social con menores desigualdades y para contribuir a alcanzar una mayor calidad de vida de las personas desde una visión holística y humanista. Los valores como los de la igualdad, en todas sus dimensiones, sostenibilidad, equidad intergeneracional, un desarrollo orientado a un mayor bienestar planetario, etc., forman parte ineludible del paisaje ético y moral contemporáneo. Todos aquellos jóvenes con elevados valores sociales a los que les seduce dedicar una parte de su tiempo a colaborar con organizaciones sin ánimo de lucro deberían contemplar la posibilidad de trabajar de manera profesional en y para la Administración como el máximo instrumento para lograr estas beneméritas metas.

- Trabajar en la Administración pública es un privilegio en el sentido de poder dedicarse profesionalmente a insertarse en el instrumento más potente que existe para transformar positivamente la tecnología, la economía y la sociedad.
- Prestar servicios en el sector público es una actividad compleja, que exige un elevado ejercicio profesional en el dominio de los conocimientos y técnicas más novedosas para desplegar sus dos grandes funciones: regular una tecnología y un modelo económico cada vez más diverso y confuso y atender a las necesidades estructurales y emergentes de la ciudadanía. La Administración pública debe dejar de permanecer en su tradicional rol reactivo de acompasarse de manera discreta y tardía a los nuevos retos para transformarse en un rol proactivo que se anticipe a los problemas y tenga capacidad para dirigir y ordenar la agenda tecnológica, económica y social. El ingrediente crucial de la moderna gestión pública reside en su capacidad de inteligencia para

definir estrategias de presente y de futuro y no tanto en ejercer la precaria función de intentar tapar agujeros y fugas sin poseer un marco conceptual robusto. Las administraciones públicas como organizaciones no deben solo a aspirar a operar con lógicas eficientistas, sino a ser organizaciones innovadoras y de vanguardia capaces de construir los nuevos relatos del avance social.
- Si se atienden con contundencia los dos puntos anteriores, la imagen social de los empleados públicos se va a ir dignificando paulatinamente hasta llegar al lugar deseable que trabajar en la Administración pública sea una de las ocupaciones con mayor prestigio social.

Nuevas obligaciones de los empleados públicos:

- Trabajar en la Administración pública requiere un elevado nivel de profesionalidad y compromiso que implica reciclarse constantemente para dominar los aspectos más novedosos de cada especialidad y de la gestión pública en general (gobernanza de datos, administración digital, inteligencia artificial, etc.).
- Nadie debería poseer un puesto de trabajo con unas funciones claramente delimitadas debido al elevado nivel de obsolescencia en el contexto de una gestión pública contingente. Existe la obligación de la flexibilidad como principio superior y orientado a laborar en todas aquellas actividades que requiere en cada momento la ciudadanía en un contexto turbulento en que aparecen nuevos retos y emergencias que hay que superar de manera elástica, eficaz y eficiente.
- Ningún empleado público puede dedicar un tiempo de trabajo menor al equivalente al promedio de los empleados privados del país, ni más ni menos. Los privilegios laborales vinculados a la función pública deben desaparecer totalmente. La mejora en derechos laborales debe ser paralela a los que se consiguen en el sector privado.

- En el caso de que un empleado público no muestre un aporte de valor al nivel de las mínimas exigencias durante un tiempo significativo, debería ser apartado del servicio público con todas las garantías jurídicas, pero exentas de privilegios y excepciones.
- El derecho a la huelga de los empleados públicos debería tener una regulación especial, mucho más restrictiva que en el ámbito laboral privado. Se trata simplemente de recurrir al sentido común: una huelga de empleados públicos suele generar un impacto y unas externalidades negativas muy superiores que una huelga en alguna empresa privada y, por ello, en muchas ocasiones, representa un ejercicio de extorsión social y político. No se trata, en absoluto, de dejar indefensos laboralmente a los empleados públicos, sino justo al contrario, de que no estén ubicados en una dinámica de ventaja. Ante una situación de discrepancia laboral seria y fundamentada entre un sector del empleo público y la institución, debería recurrirse, en primera instancia, a un laudo laboral ejercido por una persona o autoridad independiente. El ejercicio indiscriminado del derecho a huelga supone un quebranto del pacto y de la confianza social entre los empleados públicos y la sociedad. Sirva de ejemplo y contraste el uso abusivo de este derecho en el sector del transporte público con el ejercicio ponderado y sensato que hacen de este los trabajadores del sector sanitario. Los ciudadanos, ante una huelga de transporte público, se sienten extorsionados y crispados, pero, en cambio, frente a una huelga del sector sanitario se sienten preocupados, ya que intuyen que el problema de fondo es grave y que alberga, seguramente, alguna injusticia real y no el anhelo de atesorar un nuevo privilegio.
- La obligación de reciclarse supone que los empleados públicos deben acudir a los planes formativos que organizativamente sean considerados como necesarios. La formación a lo largo de la vida profesional no es solo un

derecho, sino también una obligación que forma parte de las exigencias laborales. En un momento de constante transformación de las competencias y de las nuevas necesidades derivadas de un entorno turbulento, atesorar nuevos conocimientos y técnicas profesionales representa una necesidad ineludible.

- Hay que regular de manera más estricta la movilidad de los empleados públicos. Gracias a la incorporación de una potente carrera horizontal, los incentivos a una movilidad perniciosa se podrían limitar claramente. En todo caso, hay que evitar las disfunciones de un derecho a la movilidad corporativa, que generan enormes deficiencias en la calidad de los servicios públicos. Cuando alguien acceda a un determinado perfil profesional, debería permanecer en su lugar de trabajo durante un mínimo de cuatro años, salvo que organizativamente sea positivo fomentar un cambio antes. Por ejemplo, en la Administración de Justicia, el problema más grave es una disfuncional y frívola movilidad que impide una gestión eficaz y eficiente del sistema.
- Es un deber de los empleados públicos acudir al trabajo motivados y ejerciendo sus competencias de manera plena para que su contribución aporte realmente valor. Limitarse o autolimitarse a unas teóricas funciones claramente preestablecidas no debe entrar en sus dinámicas de trabajo, que, a partir de ahora, tienen que ser más flexibles, profundas y exigentes.

Nuevos derechos de los empleados públicos:

- El acceso meritocrático a la función pública va a seguir atesorando como incentivo la estabilidad en el empleo. La estabilidad aporta el valor de la seguridad vital y profesional y es un ingrediente ineludible para combatir la arbitrariedad policial, la estabilidad institucional y la capacidad de innovación. Para gestionar el conocimiento e innovar es necesaria la seguridad en el empleo público. La estabilidad solo se quebrantaría cuando un empleado público desatienda sus obligaciones esenciales o la necesidad de reciclarse.

- Los empleados públicos tienen el derecho a crecer profesionalmente y a verse compensados económicamente por sus esfuerzos y logros extraordinarios. Este derecho debería canalizarse mediante una potente carrera profesional horizontal exigente, con un largo recorrido y con incentivos profesionales y económicos también potentes. Las evaluaciones anuales del desempeño también deberían contribuir a lograr reconocimientos selectivos motivadores. La excelencia en el sector público debe ser compensada de una manera diáfana y no hay que escandalizarse en que determinados empleados públicos, que aportan un enorme valor, estén muy bien retribuidos. El esfuerzo que alcanza la excelencia debe ser compensado de manera clara, objetiva y, por tanto, justa.
- En el apartado de obligaciones se ha hecho referencia a la obligación de la flexibilidad laboral de los empleados públicos para atender los retos y necesidades que en cada momento haga falta. También se ha hecho alusión a poner límites temporales a la movilidad. Pero estas restricciones no deben impedir el derecho a la movilidad laboral de los empleados públicos en su capacidad de reinventarse profesionalmente y de asumir nuevas funciones que les resulten más atractivas en cada momento si estas encajan con las necesidades institucionales.
- Los empleados públicos tienen el derecho a reciclarse profesionalmente recibiendo una oferta formativa interna y externa que sea coherente y necesaria para su desarrollo profesional.
- Los empleados públicos tienen derecho a estar en *stand by* durante algunos periodos de su carrera profesional. En el empleo público del futuro convergen múltiples factores que acentúan un nivel de exigencia que no

siempre puede asumirse. La estabilidad laboral implica que un empleado público prolongue su carrera profesional hasta 40 años. Es inhumano exigir durante todo este periodo de tiempo una elevada calidad en el trabajo, un proceso constante de reciclaje y mantener siempre un alto nivel de motivación. Los altos y bajos forman parte de la trayectoria personal y varían en función de cada persona y su contexto (cuidado de los hijos, atención a familiares enfermos, afecciones propias, crisis de pareja, fallecimiento de allegados, etc.). Cuando un empleado público se encuentre en una situación personal comprometida, que considera que afecta a la calidad de su trabajo, debería tener el derecho, cada cierto tiempo, de modificar su dedicación profesional a la baja, de manera personalizada, y beneficiarse de un plan de recuperación y carrera profesional una vez superado el problema. Carece de sentido la situación actual en la que un empleado público, que ocupa un puesto de trabajo con una elevada responsabilidad y tiene, en paralelo, que afrontar una seria crisis personal, no pueda cambiar su nivel de dedicación, ya que, seguramente, perdería el tren profesional de manera permanente. Estas situaciones son dañinas tanto para el profesional como para la institución. Las unidades de gestión de recursos humanos deberían dedicarse en menor medida a temas jurídico-formales (es imprescindible una simplificación del modelo de función pública) y dedicar más tiempo a la planificación y, también, al apoyo psicológico y emocional de los empleados públicos. Las unidades de gestión de personal deberían dedicarse a gestionar a personas y no a máquinas o artificios jurídicos.

- Los empleados públicos más cualificados, con o sin posiciones directivas, deben disponer de un espacio de tiempo laboral para realizar análisis de prospectiva, de evaluar sus ámbitos de gestión y para proponer mejoras e innovaciones. Los superiores jerárquicos deben

analizar estos estudios y propuestas y dar una respuesta argumentada a estas.
- Los empleados públicos tienen el derecho a ser dirigidos por un directivo con experiencia que respete un elevado grado de autonomía profesional y que ejerza el rol de inspirador para una continua mejora profesional de sus efectivos.

ROMPER EL MOLDE EN LOS TEMAS CRÍTICOS EN LOS QUE HA SIDO IMPOSIBLE AVANZAR

La concreción de la estrategia de generación de respuestas innovadoras parte de estimular y entrenar las habilidades para la improvisación y el aprendizaje rápido. Para ello resulta conveniente superar el marco establecido por las dinámicas predominantes en la organización (*thinking outside the box*), por ejemplo, a partir de la incorporación de expertos con perfiles heterogéneos que facilite el contraste de perspectivas. La conformación de equipos multidisciplinares contribuye a considerar visiones alternativas tanto de la situación que se enfrenta como de las alternativas a plantear, enlazando con la polivalencia estratégica comentada anteriormente. Las comisiones interdepartamentales, a las que antes se ha hecho referencia, en la estrategia de "modelos de relación: autonomía coordinada y policentricidad", podrían responder, con un funcionamiento adecuado, a estos planteamientos. La generación de respuestas innovadoras también incluye el fomento de la improvisación, superando entornos con exceso de regulación o de protocolos que restringen la discrecionalidad individual, por ejemplo, al facilitar la rotación de puestos o de roles entre los profesionales de la organización para adquirir nuevas visiones y conocimientos (Ramió y Salvador, 2024). Pero estas estrategias pueden ser insuficientes para resolver algunos retos internos vinculados a la gestión pública que han demostrado una resistencia de cemento armado que no hay manera de superar. Por ello, considero que es necesario "salir de la caja" o de la cueva de Platón de las instituciones públicas y externalizar la posible solución de estos problemas a la sociedad.

La dimensión relacional de la gobernanza puede ser muy útil para transformar elementos internos de gestión de la propia Administración sobre los que hay consenso que han quedado anticuados o que no funcionan de manera correcta, pero, en cambio, es muy difícil poderlos reemplazar y modernizar. Todas las organizaciones son, a nivel interno, conservadoras y las administraciones públicas todavía más. Hay una manifiesta incapacidad de superar capturas sindicarles y corporativas, de pensar fuera de la caja institucional tradicional, de salirse del sendero de dependencia, etc. Vamos a poner tres ejemplos.

El primer ejemplo es la enorme dificultad de transformar el actual y anticuado modelo de función pública (organización de recursos humanos) en sus múltiples dimensiones: renovación de los sistemas de selección, incorporación de la carrera horizontal y de la evaluación del desempeño, derechos y deberes laborales, etc. Durante las dos últimas décadas ha habido varios intentos para reformar el modelo de función pública, pero el resultado ha sido nulo. El problema de fondo de este inmovilismo es que el debate se ha circunscrito entre "empleados", entre funcionarios: funcionarios conservadores y empleados públicos sindicalizados que se oponen a cualquier reforma frente a funcionarios renovadores y expertos académicos (en su gran mayoría también funcionarios) que promueven las reformas. Son, por tanto, debates muy endogámicos que han resultado manifiestamente incapaces de diseñar e implantar un nuevo modelo de función pública. Además, el carácter corporativo de estos debates ha dificultado que los políticos se sientan involucrados y predispuestos para impulsar esta reforma, ya que lo perciben como un tema muy técnico, en el que no hay una visión mayoritaria sobre el nuevo diseño y, por tanto, tratarlo políticamente puede ser una fuente de conflictos. Este escenario es ideal para que los dirigentes políticos de la

Administración pública se inhiban en esta materia. En cambio, la situación podría ser muy distinta si se abriera este debate a la sociedad: a la ciudadanía, a los empresarios y a las entidades sociales. La propuesta sería abrir un foro ciudadano para definir las reglas del juego de la futura función pública en un espacio libre de capturas y de dependencias institucionales. Un debate entre "propietarios de la Administración" (ciudadanos y organizaciones socioeconómicas) y no entre "empleados" (públicos). Es evidente que la dinámica del debate sería mucho más abierta, creativa y también sensata y ponderada, a nivel de equilibrar derechos y obligaciones laborales de los empleados públicos, lo que facilitaría el diseño de un modelo moderno de función pública. Un informe elaborado por la ciudadanía y los actores sociales y económicos sobre este ámbito temático despertaría inmediatamente el interés de los dirigentes políticos y, además, se sentirían socialmente legitimados para implantar transformaciones dolorosas y conflictivas en clave sindical y corporativa (Ramió y Salvador, 2024).

Un segundo ejemplo sería la renovación de la contratación pública de la Administración. Se trata de un ámbito complejo en el que hay que articular, por una parte, la seguridad jurídica para evitar distorsiones heterodoxas y corruptas y, por otra parte, lograr un modelo eficaz y eficiente que fomente la calidad de la contratación pública. Tradicionalmente suele ponderarse el primer ingrediente y queda en una situación marginal el segundo. Otro problema es que el modelo es tan garantista y complejo que deja fuera de la contratación pública a las pequeñas empresas (muy mayoritarias en el país) y solo tienen capacidad de presentarse las grandes empresas con escala suficiente para atesorar buenos gabinetes técnicos y jurídicos. La propuesta sería someter la reforma y mejora de la contratación pública a una audiencia abierta conformada por ciudadanos, por pequeños y grandes empresarios, por la sociedad civil organizada y por expertos. Se puede especular que no serían nada desdeñables las propuestas que pudieran surgir en este foro para conseguir un nuevo modelo de contratación pública mucho más fluido, más permeable a un amplio espectro de actores socioeconómicos y sin perder sus capacidades de seguridad jurídica.

Un tercer ejemplo sería el vinculado a retos emergentes de carácter interno de las administraciones públicas. Desafíos como, por ejemplo, diseñar potentes sistemas internos de información (gobernanza de datos) o la introducción de la inteligencia artificial en la gestión pública. Se trata de temas en los que hay un déficit de conocimiento interno y que, por tanto, sería interesante abrir al conocimiento externo tanto académico como empresarial. No hay muchas dudas de que esta apertura a la sociedad permitiría ampliar horizontes siempre con la debida cautela de saber discriminar las posiciones fundamentadas exclusivamente en determinados intereses empresariales.

BIBLIOGRAFÍA

MARCET, Xavier (2021): *Crecer hacienda crecer. El secreto de las empresas constantes*, Barcelona, Plataforma Editorial.

MASLOW, Abraham H. (1943): "A Theory of Human Motivation", en *Psychology Review*, 50, pp. 370-396.

QUERMONNE, Jean- Louis (1993): *La organización administrativa del Estado*, Barcelona, EAPC.

RAMIÓ, Carles (2015): *La extraña pareja. La procelosa relación entre políticos y funcionarios*, segunda edición, Madrid, Los Libros de la Catarata.

RAMIÓ, Carles y SALVADOR, Miquel (2018): *La nueva gestión del empleo público. Recursos humanos e innovación de la Administración*, Barcelona, Tibidabo Ediciones.

— (2024): *Una propuesta de un nuevo modelo de gestión pública en el contexto de la nueva gobernanza robusta*, Valencia, Tirant lo Blanch.

RODRÍGUEZ, María y SÁNCHEZ, Esther (2023): *¡Ahora lo haremos bien!*, Madrid, INAP.

SOTO, Juan Ignacio (2023): "Aproximación a las llamadas 'organizaciones defensivas' en nuestro sector público. Una visión desde el ámbito local", Barcelona, Apuntes de apoyo a la intervención en el Seminario de Derecho Local (SDL), organizado por la Federació de Municipis de Catalunya.